田伟平 李家春 马保成 等 编著

Gonglu Hongshui Zaihai Fangzhi Zhidao Shouce

公路洪水灾害防治指导手册

内 容 提 要

本书紧密围绕我国公路洪水水毁现状，论述了公路洪水灾害及其主要类型、公路洪水灾害的主要影响因素、公路洪水灾害的调查和识别、公路洪水灾害的预测预警及应急处置以及公路洪水灾害的防治措施等当前公众密切关注的问题。

本书图文并茂、通俗易懂，力争集科学性、趣味性于一体，目的是宣传、普及水毁的基本知识，引起社会关注和支持。本书可供广大公路工程技术及管理人员参考。

图书在版编目（CIP）数据

公路洪水灾害防治指导手册 / 田伟平等编著 .—北京：人民交通出版社，2010.10

ISBN 978-7-114-08612-0

Ⅰ. ①公… Ⅱ. ①田… Ⅲ. ①公路—洪水—水灾—防治—手册 Ⅳ. ① U418-62 ② P426.616-62

中国版本图书馆 CIP 数据核字 (2010) 第 160948 号

书　　名：公路洪水灾害防治指导手册
著 作 者：田伟平　李家春　马保成
责任编辑：丁润铎　郭红蕊
出版发行：人民交通出版社
地　　址：(100011) 北京市朝阳区安定门外外馆斜街 3 号
网　　址：http://www.ccpress.com.cn
销售电话：(010)59757969、59757973
总 经 销：人民交通出版社
经　　销：各地新华书店
印　　刷：北京盛通印刷股份有限公司
开　　本：787 × 960　1/16
印　　张：6.5
字　　数：102 千
版　　次：2010 年 11 月　第 1 版
印　　次：2010 年 11 月　第 1 次印刷
书　　号：ISBN 978-7-114-08612-0
印　　数：0001 － 2000 册
定　　价：30.00 元

（如有印刷、装订质量问题的图书由本社负责调换）

谨以此书献给

从事公路自然灾害防治的勤劳勇敢的公路人！

序
Sequence

我国是世界上自然灾害最为严重的国家之一，灾害种类多、分布地域广、发生频次高、造成损失重。特别是近年来，受全球气候变暖，以及厄尔尼诺、拉尼娜现象的影响，我国极端气候事件日益增多，特重大灾害次数明显增多。继2008年南方冰冻雨雪灾害和汶川地震后，今年又发生了玉树地震，南方、西北、西南等地均发生历史罕见的强降雨，并引发泥石流等次生灾害，公路交通基础设施损失极其严重。

今年的各类自然灾害再次警示我们，必须刻不容缓地加强公路防灾减灾能力建设，不断提高公路抗灾能力，保障抢险救灾工作顺利进行。这项工作既是各级交通运输主管部门的法定职责，也是科学抗灾、防患于未然的必然要求。从2006年起，交通运输部决定列专项资金，开展干线公路灾害防治工作试点。5年来，交通运输部共组织完成了1万余公里的灾害防治试点工程，共投入专项资金近30亿元。这项政策的实施，对引导各地加大灾害防治投入，提高公路抗灾能力起到了重要作用。316国道陕西汉中段的试点工程，在汶川地震时表现出较强的抗灾能力，在震后4小时即抢通，较好地发挥了“生命线”作用。205国道福建南平段、316国道江西抚州段的试点工程，则在今年历史罕见的强降雨中经受了考验，为抗洪抢险和救灾工作提供了强有力的交通运输保障。广西、贵州、四川、重庆等省市的灾害防治试点路段，在这次历史罕见的洪灾中，其抗灾能力明显高于未治理的路段。

在干线公路灾害防治工程试点过程中，我们感到，在运用经济实用技术、科学设定防护等级和防护形式等方面，还存在一些不足。为此，交通运输部专门组织长安大学等有关单位开展了科学研究，旨在系统总结各地公路防灾的成功经验，将科研成果和工程实践相结合，完善公路灾害防治技术。

长安大学相关研究人员在相关科研成果的基础上，针对公路灾害的特点，分别编写了《公路地质灾害防治指导手册》和《公路洪水灾害防治指导手册》。这两本书注重理论和实践相结合，图文并茂，深入浅出，条理清晰，全面总结了两类灾害的主要类型，系统分析了灾害的主要影响因素，并引用了大量实例讲解了灾害调查与识别、灾害预测预警与应急处置，以及公路灾损情况及防治对策等内容，具有很强的针对性、实用性和指导性。

做好公路灾害防治工程对提高公路抗灾能力，保证抢险救灾工作顺利进行至关重要。希望广大公路工作者以科学的态度扎实工作，不断总结工作经验，积极推广经济适用的公路防灾技术，为提高我国公路防灾减灾水平贡献自己的才智和力量，也希望这两本书能够为大家提供借鉴，推动公路防灾技术水平的不断提高。

交通运输部公路局局长 李华

2010 年 8 月 28 日

前言
Preface

“强化防灾减灾工作。”

——胡锦涛总书记在党的十七大上的报告

“必须把自然灾害预测预报、防灾减灾工作作为关系经济社会发展全局的一项重大工作进一步抓紧抓好。”

——胡锦涛总书记2008年6月23日在中国“两院”院士大会上发表重要讲话时专门讲到防灾减灾问题

洪水灾害是世界范围内普遍面临的问题，由洪灾造成的损失逐年增长。我国幅员辽阔，大约2/3的国土面积存在着不同类型、不同程度的洪水灾害。它是我国发生频率高、危害范围广、对国民经济影响最为严重的自然灾害之一。

随着我国经济的快速发展，路网建设不断完善。截至2009年年底，我国公路总里程达386.08万km（未计香港、澳门特别行政区及台湾省统计数据），其中高速公路6.51万km，国道15.85万km，省道26.60万km，农村公路（含县道、乡道、村道）里程达到336.91万km，路网通行能力、抗灾保通能力和应急保障能力得到加强。但仍然有许多公路，尤其是山区和山前区的公路，频繁遭受洪水灾害的威胁，公路水毁损失总体上呈上升趋势。

尽管我国公路水毁防治研究已历经数十年，防治技术也已经发展到较高水平。但由于各种原因，目前尚不能对所有路段的洪水灾害实施治理，且主动预防意识和风险意识较为薄弱，对公路洪水灾害防治知识的普及与宣传力度还需进一步加大。为充分贯彻“以人为本，以车为本”的公路服务理念，加大公路洪水灾害防治的宣传刻不容缓。

公路洪水灾害具有自然属性和社会属性，灾害防治工作不仅是技术问题，还关系到国民经济和人们生活的方方面面，需要全社会的参与，应引起广泛关注。

对于广大基层公路工程技术人员来说，普及公路洪水灾害防治知识和技术，发挥各方面的积极性和主观能动性，最大限度地调动全社会的力量参与公路洪水灾害的防治，提高人们在灾害频发期间出行的安全意识，都可以大幅度减少公路交通受阻、中断及财产损失与人员伤亡。合理调配社会资源，把有限的资金用在减灾防灾最需要的地方，逐步减小洪水灾害的危害，是目前公路洪水灾害防治工作经济合理、行之有效的途径。

本手册的撰写有利于推进公路洪水灾害防治的规范与普及，是贯彻落实科学发展观的具体体现，为构建和谐社会、保障公路可持续发展提供支持。

本手册的撰写得到西部交通建设科技项目“路基灾害防治技术推广及应用示范”（编号：2006 318 000 07）、“山区公路防排水评定方法与抗水灾评估指标的研究”（编号：2001 318 812 34）等科研项目的资助。

本手册由长安大学田伟平、李家春、马保成等编著。马保成、赵欢、范俊瑛、高婷等分别参与了第1、2、3、4、5章以及前言、附录等部分的编写。在撰写过程中，广泛借鉴了全国各地（特别是陕西、安徽、辽宁、甘肃、云南等省区）公路洪水灾害防治的成功经验，引用了国内外大量专著、科研报告以及相关标准、规范等资料，力争以通俗易懂、图文并茂，兼具科学性、趣味性的方式阐述公路洪水灾害的相关问题。在此，对长期从事公路灾害防治研究的专家、学者以及工程技术人员表示崇高的敬意，并衷心期望本手册能够比较准确、全面反映公路洪水灾害防治的研究水平，为从事公路建设与管理的人员，特别是从事公路养护管理具体工作的基层工程技术人员，以及公路使用者，在公路洪水灾害防治工作中提供科学指导。

本书的出版不以盈利为目的。书中部分图片和报道源自互联网或报刊，主要起解释、说明、警示、科普等作用。在此，谨向图片和报道所有者表示衷心感谢。

鉴于编著者水平有限，不能顾及公路洪水灾害的方方面面，错误和不足之处也在所难免，恳请广大读者批评指正。

编著者

2010 年 5 月 12 日

目 录
Contents

第1章

公路洪水灾害及其主要类型

雨季多发的洪水是造成公路损坏、影响公路畅通的主要自然灾害之一。洪水冲毁路基、路面和桥梁、涵洞及其防护设施，轻者造成交通受阻、舒适性降低，规模较大时会造成公路交通中断，给公路沿线的经济发展、社会稳定、抢险救灾和边防巩固带来非常不利的影响，同时也造成极大的经济损失。

1.1 洪水及洪水灾害

洪水灾害是由于暴雨或急骤的冰雪融化以及水利工程失事等原因引起的江河水量迅猛增加，水位急剧上涨，而冲出天然水道或人工堤坝所造成的灾害。它给人类正常生活、生产活动带来巨大的损失与祸患，它是自然界的洪水作用于人类社会的产物，是人与自然关系的一种表现。

一般而言，形成洪水灾害必须有三方面的条件：①存在诱发灾害的因素（降水、人类活动等）；②形成灾害的环境（平原地区、山区、高原地区等）；③洪水影响区有人类居住或分布有社会财产（房屋、公路、桥梁等）。洪水灾情的形成是三者综合作用的结果。

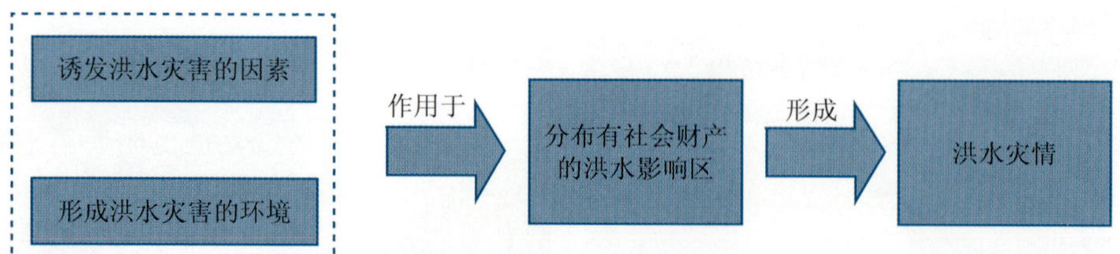

根据成因，成灾洪水可分为五种：①暴雨洪水（因降大雨、暴雨引发的洪水），由较大强度的降雨形成，主要特点是峰高量大，持续时间长，灾害波及范围广。②融雪洪水（气温升高或降雨使得雪山上的积雪融化形成的洪水），主要发生在高纬度积雪地区或高山积雪地区。③冰川洪水（由于气温升高使得冰川融化形成的洪水）。④冰凌洪水（河道里的冰凌突破堤防以后形成的洪水），主要发生在黄河、松花江等北方江河上。由于某些河段由低纬度流向高纬度，在气温上升、河流开冻时，低纬度的上游河段先行解冻，而高纬度的下游河段仍封冻，上游河水和冰块堆积在下游河床形成冰坝，有可能产生冰凌洪水。⑤溃坝洪水，是指大坝或其他挡水建筑物发生溃决，水体突然涌出，给下游地区造成灾害。地震造成的堰塞湖溃决、泄洪或其他水利设施泄洪后，也会形成类似的洪水。

各类洪水中以暴雨洪水最为常见，而且一般成灾范围最广。

暴雨洪水（佛坪境内突降暴雨，洪水高涨，G108 周城线多处水毁，2007 年 8 月 9 日）

融雪洪水（新疆裕民县受灾严重，亚心网，2010 年 1 月 6 日）

冰川洪水（冰岛一座火山昨日喷发，岩浆融化冰盖引发洪水冲毁道路桥梁，中国新闻网，2010 年 4 月 16 日）

冰凌洪水（百年不遇凌汛袭壶口，华商网—华商报，2009 年 1 月 20 日）

溃坝洪水（2008 年 7 月 4 日，位于恩施市城郊的大龙潭水利枢纽按照预案泄洪，新华网，2008 年 7 月 5 日）

小知识：我国的汛期

河流径流的变化，主要取决于河流的补给条件，我国河流的补给来源有雨水、冰雪融水、地下水等，而以雨水补给为主，有的河流冰雪融水能够形成春汛，但是一般不会成灾。

各地由于降雨时间的差异，汛期并不一致。长江以南的河流，在初夏就能够形成水灾。在中东部地区，在雨量集中的七八月份，容易引发洪灾。

“凌汛”是北方河流春季解冻时，在特殊地理环境下的一种现象。有的北方河流，某些区段的流向是由南向北，如黄河河套的甘肃宁夏到内蒙古段和黑龙江的一些区段，春季解冻时，上游先解冻，浮冰顺水而下，而下游尚未解冻，造成浮冰堵塞，引起水位上涨，而且浮冰切割堤岸，更容易穿堤造

成水灾。如果发生这种情况，现在经常采用爆破方法排除险情。我国的北方河流，受到凌汛威胁的主要是黄河和黑龙江，黄河的凌汛是在 3 月，黑龙江晚一些。

每年 5 月 1 日～10 月 20 日是汛期。上海地区在汛期降雨明显比其他月份多，故江河水位比冬天要高，但上海地区江河水位受潮汐影响较大，每年 5 月～10 月由于日、月引潮力大，高潮位高，故习惯上把 5 月～10 月称汛期（上海地区一般 3 月下旬起就有可能出现暴雨，到 10 月下旬暴雨消失）。陕西省的汛期为 6 月～10 月，主汛期为 7 月～9 月。

1.2 公路及公路洪水灾害

截至2009年年底，我国内地公路通车总里程达到386.08万km。其中，高速公路里程突破6.5万km，国道15.85万km，省道26.60万km，农村公路近337万km，路网通行能力、抗灾保通能力和应急保障能力得到加强。公路交通在国民经济建设中的重要性有目共睹。

随着我国公路建设的飞速发展和公路等级的普遍提高，特别是西部大开发战略进一步实施，广大中西部地区、边远山区公路建设蒸蒸日上，里程快速增长，公路的畅通已成为地区经济发展和人民生活水平提高的先决条件。但是，由于自然环境的恶化、全球气候变暖以及人类活动范围的延伸，雨季多发的洪水等自然灾害不仅毁坏交通基础设施，而且直接影响到交通运输的安全与畅通，严重制约了公路交通发展和全面建设小康社会的前进步伐。

公路洪水灾害（也称为公路洪水水毁灾害）是指在洪水以及人类活动的综合作用下公路沿线所发生的一系列工程损毁现象及过程，是在自然因素和不合理的人为活动作用下的公路工程破坏现象，致使交通受阻或中断，对地区经济发展和居民生产产生一定的不利影响，其中水是公路洪水灾害的关键致灾因素。简而言之，公路水毁是公路遭到洪水破坏的一种较为普遍的自然灾害。

案例一：

2008 年 6 月 23 日，交通运输部下拨今年第一批 3 600 万元公路水毁抢修补助资金，对因持续强降雨造成公路水毁损失严重的广东、江西、湖南、广西、贵州 5 省区给予支持。据悉，2008 年入汛以来，我国南方地区连续遭受 4 次大范围强降雨天气袭击，全国共有 20 多个省份发生洪涝灾害，多个省份发生交通中断现象，公路、桥梁设施受到不同程度损坏。据初步统计，截至 6 月 18 日，全国共计 6 条高速公路、29 条国道、260 条省道因水毁出现局部交通中断，累计冲毁路基 9 792.4km、1 843.6 万 m^3，冲毁路面 1.871 3 亿 m^2、3.79 万 km，毁坏桥梁 969 座、1.846 65 万 m，毁坏涵洞 9 197 道，冲毁防护工程 2.01 万处、241.6 万 m^3，塌方 4.11 万处、8 372.4 万 m^3，公路水毁直接经济损失达 32.16 亿元。（中

国公路网，2008 年 6 月 25 日）

案例二：

今年（2008 年）7 月以来，受台风等影响，我国南方强降雨不断，造成部分公路出现局部交通中断。日前，交通运输部下拨今年第二批 6 400 万元公路水毁抢修资金，对安徽、福建等 10 个水毁严重省份的公路抢修工作给予支持。据初步统计，自入汛以来，广东、广西、福建、江西、云南、贵州等省（自治区）共有 15 条高速公路、47 条国道、451 条省道发生水毁，冲毁路基 3 338 万 m^3、3.44 万 km，冲毁路面 2.73 亿 m^2、5.81 万 km，毁坏桥梁 2 031 座，毁坏涵洞 2.19 万道，冲毁防护工程（驳岸、挡墙）4.53 万处，坍塌方 1.38 亿 m^3，累计造成公路损失约 80.32 亿元。（《中国交通报》，2008 年 8 月 26 日）

在抵御各种自然灾害的斗争中，公路交通起着“生命线”的重要作用。因此，防止或减轻各种公路自然灾害，对于正常通行以及抗灾救灾都十分关键。

洪灾中，高速公路由于路基较高不易被淹，成为抗洪救灾物资运输和灾区人民的“生命通道”（中国交通报，2007 年 7 月 27 日）

1.3 公路洪水灾害类型划分

公路洪水水毁类型很多，并且表现出不同的形态，具有不同的成因。根据造成水毁的原因，将公路洪水灾害分为以下几种类型。

1.3.1 沿河公路由于冲刷、冲（撞）击、淹没和浸泡导致的水毁

路基冲断、路面全毁

路基损毁、路面悬空

G312 线半幅（左图）、全幅（右图）路基冲刷水毁（商洛，2007 年 7 月）

S307 线洛南段路基路面冲刷水毁（商洛，2007 年 7 月）

S202 线黄洛路冲刷水毁，丁坝破坏（左图）、路面悬空（右图）（商洛洛南公路段，2007 年 7 月）

沿河公路水毁形式多样、成因复杂，具体表现如下。

(1) 河湾路基凹岸冲刷、局部地形变化引起的顶冲或斜冲。在沿河流弯道凹岸的路段，路基受弯道凹岸冲刷和对岸挑流顶冲。即使是处于河湾下游顺直河段的沿河公路，也可能受到凹岸冲刷的影响。另外，由于山嘴或建筑物的挑流以及支流汇入主流，使主流弯曲逼向对岸，造成公路的“凹岸冲刷”。在水流的冲刷作用下，这些路段路基边坡的坡脚淘空造成路基坍塌。

(2) 河道压缩引起的冲刷。在修建沿河公路时，由于人为地侵占洪水河槽，或地形突变时河道变窄，挤束水流，导致上游壅水严重，压缩段流速增大，对沿河路基产生更为严重的冲刷，从而造成沿河公路的水毁。

(3) 防护工程冲刷破坏，导致沿河公路水毁。人们根据工程实际的需要，往往采用护坡和挡土墙、丁坝、护坦及其组合形式对沿河公路进行冲刷防护。

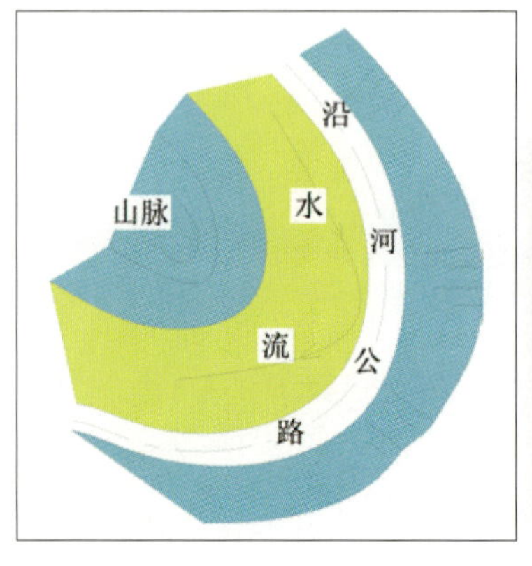

G108 线 K1470+500 处河湾凹岸路基冲刷水毁

a）水流斜冲水毁路基挡土墙

b）修复后的路基挡土墙效果

G210 线 K1015+100 ～ K1015+300 顺直河段支流汇入引起的冲刷

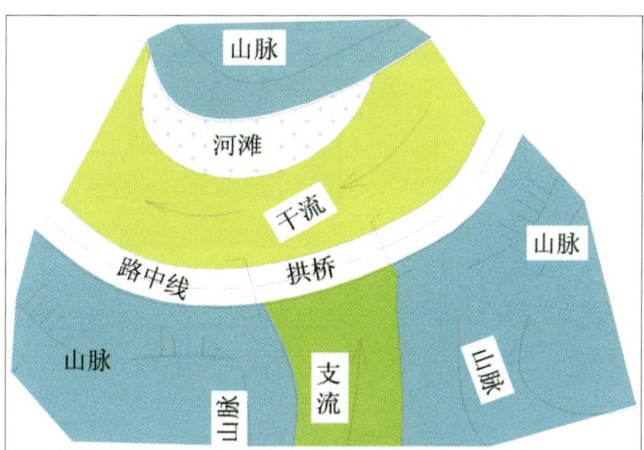

G108 线 K1491+100 路段由于支流汇入、桥涵压缩过水断面引起水毁

但由于各种原因，常常导致防护结构物自身抗冲能力和基础埋置深度不足，从而发生水毁，对路基的安全稳定造成威胁。

(4) 洪水淹没路面，造成路基路面冲刷。路面设计高程不足或因公路压缩河道导致壅水高度过大，引起洪水漫溢路面，水流沿路线纵向冲刷，冲毁路面、路基或急速退水后，易造成路肩冲出缺口，路面沉陷开裂。

(5) 洪水长时间浸泡产生的水毁。在平原地区、水库库区及低洼地区，汛期持续高水位造成公路路基长时间浸润而发生水毁。

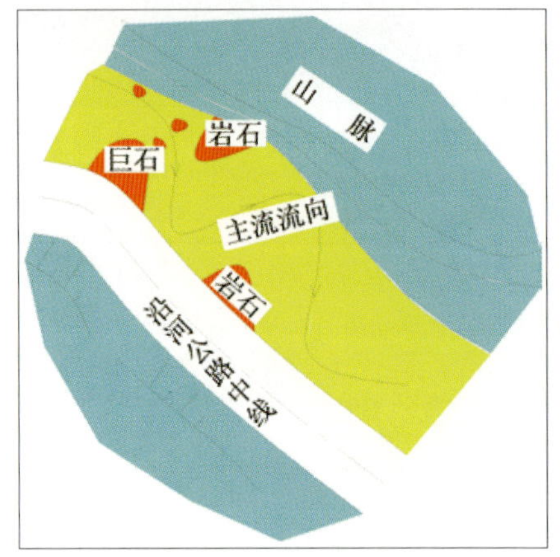

G108 线 K1481+920 ～ K1482+040 河道压缩挑流冲刷

沿河公路路基挡土墙基础淘空，墙体开裂、变形、下沉，路基沉陷明显

挡土墙基础局部淘空后，挡土墙未出现变形、下沉，但路基的砂砾填料被水淘走，路基路面出现三个“漏斗”

迎水面冲刷导致丁坝倾覆、断裂，危及公路运营安全

护坦部分毁坏，挡土墙局部基础淘空

G108 周城线佛坪境内洪水淹没（陕西，2007 年 8 月 9 日）

水流漫上路面，回归河道时造成路肩与路基边坡水毁

洪水位漫过路面，导致路基路面损毁

1.3.2 小桥涵冲毁、堵塞

(1) 小桥涵位置不当或孔径偏小，或汛期泥沙及漂浮物堵塞桥孔，造成行洪不畅，导致小桥涵或路基水毁。

(2) 小桥涵冲刷防护及铺砌加固不完善，导致小桥涵或路基水毁。

(3) 由于小桥涵设计施工及养护等原因，导致汛期不能满足排洪输沙的要求，造成桥涵、路基水毁。

S204 杨靖线神陈段 K61+507 桩号 1 ~ 2m 石拱涵八字翼墙被冲，路基被淘空，危及行车安全（陕西榆林，2007 年 7 月 25 日）

涵洞孔径过小、涵位设置不当，不足以输移大颗粒泥沙，造成泥沙沉积，涵洞堵塞，不能通畅排水，洪水漫溢路面，冲毁路基路面

陕北黄土地区公路涵洞出口未将水流送至沟底，涵洞出口严重冲刷，引起路基边坡水毁

涵洞冲刷水毁

涵洞出口处急流槽破坏导致自身冲刷损毁

X096 店水线 K40+400 处路基、涵洞被洪水冲毁（安庆市公路局，2007 年 6 月 1 日）

1.3.3 桥梁冲刷、撞击水毁

受河床自然演变、洪水水流、漂浮物或人为因素（采沙、挖土）等的影响，桥址河道变迁导致主河槽偏离桥位中心，在洪水的冲刷作用下使得局部冲刷加剧；在洪水和漂浮物等的冲（撞）击作用下，最终发生墩台基础沉陷、墩身变形开裂，甚至整体垮塌等现象。

（1）桥梁墩台和引道冲刷。桥梁因墩台结构设计不合理，基础埋置深度不足，或因净空较低，水流冲刷使基础裸露、脱空，承载力不足，基础沉降和位移，严重时造成桥梁垮塌。

桥墩冲刷

桥墩冲刷

在洪水作用下，基础及墩台冲刷失稳，导致桥梁局部或整体垮塌（资料来源：互联网）

(2) 山区桥梁墩台和基础处于河道中，河道狭窄、比降大，汛期水流携带卵石或大漂石冲击或撞击下部结构，对桥梁局部乃至整体的稳定造成严重威胁。

(3) 山区河流洪水及其携带的漂浮物，将桥梁上部结构摧毁。

滚石的撞击和泥沙对墩柱表面的磨蚀

G107孝昌段花园北大桥遭受挖沙船撞击造成险情（湖北孝感，2008年9月）

河流漂浮物淤塞河道、桥涵，造成桥梁水毁

河流漂浮物淤塞河道、桥涵，造成行洪不畅

1.3.4 其他情况下的公路水毁

（1）河流两岸发生崩塌、滑坡、泥石流等地质灾害，堆积物侵占河道，改变水流、影响行洪，或者堵塞、淤埋公路、桥涵及其他附属设施。

西藏昌都芒康县G318线海通沟段山体崩塌，崩塌体分三处从右岸冲入西曲河，堵塞河道，造成水位上升，淹没左岸上的G318线

泥石流掩埋路面、侵占河道，形成水毁隐患

（2）溃决洪水造成的路基水毁。路段上游的水利设施泄洪或者溃决，造成下游流量、水位迅速增大，流速加快，这种超常的条件，对下游公路的破坏力往往是毁灭性的。

小型拦河坝等水利设施设计洪水频率低，一旦垮坝，增大流量，加快流速，提高水位，是公路水毁的原因之一

（3）路段下游有拦水坝等阻水设施，汛期壅水造成上游公路水毁。

下游阻水设施导致汛期壅水过高，造成上游公路淹没

(4) 堰塞湖的危害。堰塞湖是由火山熔岩流、冰碛物或由地震活动使山体岩石崩塌下来等原因引起山崩滑坡体等堵截山谷、河谷或河床后使河水堵塞，而形成的湖泊。由火山熔岩流堵截而形成的湖泊又称为熔岩堰塞湖。

堰塞湖的堵塞物不是永远固定不变的，它们也会受冲刷、侵蚀、溶解、崩塌等等。一旦堵塞物被破坏，湖水便漫溢而出，倾泻而下，对下游地区的公路、桥梁造成水毁。

堰塞湖也会造成上游水位壅高，淹没、浸泡沿河公路和桥涵，轻者影响通行，严重时造成路基路面发生变形，失去稳定性。

四川汶川特大地震造成的唐家山堰塞湖及其淹没公路情况（资料来源：互联网）

1.3.5 特殊地区的公路水毁

考虑不同地区形成公路洪水灾害的环境不同，水毁的形态也有不同。除了一般的平原地区公路水毁、山区公路水毁之外，还有一些特殊地区的水毁类型，如高原地区公路水毁等。高原地区的公路水毁有可能受到融雪、冰川洪水的影响，受气温影响较大。还有一些地区的公路水毁也具有一定的特殊性，需要特殊对待。

1.4 公路洪水灾害的危害性

近年来，我国公路建设发展迅猛，对于促进国民经济发展的作用越来越显著。

然而，因汛期暴雨、洪水导致的公路水毁，一直是公路交通的主要自然灾害之一，往往导致公路交通受阻或中断，造成人民生命财产损失，成为制约社会生活、地区之间经济交流和区域经济发展的不利因素。

(1) 公路洪水灾害造成交通受阻或中断，危及车辆、行人安全。暴雨洪水导致公路、桥涵结构物自身强度和稳定性降低，影响行车的安全性和舒适性，严重时造成不同程度的水毁，引起交通受阻甚至中断，危及车辆、行人安全。

汽车沿着被洪水淹没的 G318 线摸索前进

新疆哈密 S303 线遭山洪袭击，受阻车辆等待通行（人民图片网，2008 年 4 月 6 日）

沿河流弯道凹岸洪水水毁严重，路基全毁，行人通行困难（兴义、安顺公路管理局，贵州，2008 年 5 月）

铁长线长达 222m 的南杂木大桥 4 孔被毁，一台大货车未听劝阻行车落入水中（新华社，2005 年 8 月 14 日）

（2）公路洪水灾害造成巨大的经济损失。我国自然条件复杂、灾害频发，公路水毁造成的经济损失巨大。据不完全统计，近十年来我国公路基础设施每年因水毁造成的直接经济损失达近百亿元；因交通受阻或中断导致的间接经济损失和社会影响更是难以统计。

例如，我国农村公路等级整体偏低、抗灾能力较差，洪水灾害面广量大，造成的经济损失十分严重，但由于技术、资金和设备等原因，抢险保通修复难度较大，给这些地区人民的生产生活带来很大不便。

路基水毁，房屋失去屏障也被冲毁

桥梁水毁，交通中断，修复费用高昂

案例三：

2007 年 7 月 4 日上午 12 时至 7 月 5 日晚 11 时汉中市普遍降暴雨，降雨量为 50mm 以上。其中洋县境内 24h 降雨量高达 175.8mm，佛坪为 169.4mm，暴雨导致 G108 线的佛坪至洋县段塌方 118 处、102 905.3 m^3，冲毁挡护墙 44 处、20 768.55 m^3，冲毁桥梁锥坡 1 处、涵洞 4 道，沥青路面冲毁 9.45km、63 946 m^2，冲毁砂石路面 37km、109 080m^2，其他损失 8.09 万元，造成道路 6 处中断，直接经济损失 1 079.38 多万元。（陕西汉中，汉中公路管理局）

案例四：

2007 年 7 月 3 日至 5 日，柞水县境内普降中到大雨，降雨量达 158.8mm，河水猛涨，柞水公路段所辖养的 S102 线和 S307 线遭受严重水毁。据调查统计，路基缺口 119 处（其中交通中断 18 处），泥石流、塌方 56 526m^3/104 处，一孔 5m 石拱桥 1 座，预计损失达 948.58 万元。（陕西商洛，柞水公路段）

我国几个典型的省（直辖市、自治区）的公路水毁统计（亿元）

年份＼省份	四川	云南	陕西	广西	新疆	重庆	湖南	广东
1991	1.25	0.99	0.39	1.36	0.13		0.35	0.65
1992	1.74	0.74	0.93	4.85	0.15		0.43	2.39
1993	1.67	2.93	0.54	3.76	2.10		1.01	2.26
1994	0.59	2.10	1.29	9.99	0.42		3.34	5.38
1995	3.03	2.63	0.81	2.87	0.43		4.00	4.25
1996	1.19	2.16	1.01	6.50	2.26		4.18	3.15
1997	1.21	2.86	0.37	4.37	0.63	0.41	1.48	5.86
1998	5.35	2.83	2.64	2.36	1.08	2.21	6.85	4.82
1999	2.28	3.06	0.53	0.86	2.15	1.03	2.42	1.85
2000	1.72	2.61	2.09	3.11	0.87	2.97	3.75	2.51
2001	4.82	5.07	0.66	11.29	0.46	1.01	1.87	4.47
2002	3.81	3.20	6.921	3.13	1.03	1.96	4.05	4.31
2003	5.25	1.97	7.35	1.65	0.19	1.96	3.82	4.03
2004	6.96	3.01	0.91	1.59	0.38	0.57	4.49	2.68
2005	9.65	2.34	4.77	4.07	0.57	1.14	8.13	9.17
2006	3.79	2.75	0.92	10.17	0.80	0.98	6.85	18.73

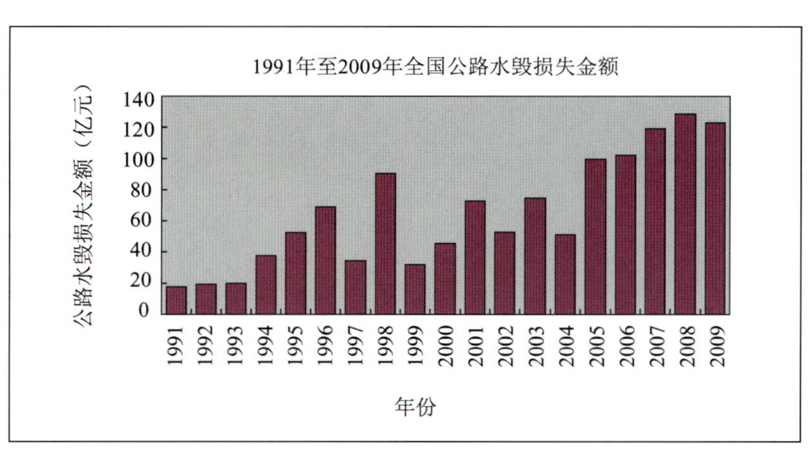

以上数据充分说明公路水毁损失是十分严重的，对区域的经济发展和社会稳定、人民生活等造成了不同程度的影响，并已经引起了各级政府和社会各界的广泛关注。

(3) 公路洪水灾害给公路建设和养护管理部门的工作带来很大压力。洪水会给公路的建设、运营工作带来不利影响，增大施工、养护工作的难度和资金投入，同时也为抢险保通带来很大压力。防止和减少洪水灾害造成的损失，保证公路运输的安全畅通，发挥公路在抢险救灾中的“生命线”作用，是落在公路建设和养护管理部门肩上的一项艰巨任务。

因此，在公路建设大规模发展的形势下，做好洪水灾害的防范和治理工作，保障公路安全畅通和行车安全是交通部门的重要职责之一。各级交通运输

安川高速公路桥梁桩基施工受到影响，损失达千万余元（2008 年 4 月 19 日）

部门应采取各种有力的措施，因地制宜、积极主动地对公路水毁进行防治，减少灾害造成的损失，提高公路交通网络的公共服务能力，为国民经济的发展和人民群众的出行创造良好的交通环境。

第2章

公路洪水灾害的主要影响因素

公路洪水水毁是众多因素综合作用的结果，其影响因素涉及区域地质条件、地形地貌特征、气象水文条件、公路等级等诸多方面。这些影响因素有宏观层面的，也有微观层面的。它们之间的耦合作用形成了公路设施形态各异的水毁。

历年公路水毁统计资料表明，短历时强降雨以及长时间持续降雨造成的水毁占大多数。汛期，特别是主汛期，与公路水毁的发生具有很好的相关性。由此可见，区域气候类型、降水量和暴雨特征以及水文因素（如水系状况、河道特点、洪水特征等）对于水毁时空分布规律的影响比较显著。

从宏观的角度来看，公路水毁环境因素主要包括：工程地质条件、气象水文条件、公路网条件、流域植被条件等。这便于从宏观层面进行公路水毁的预测和评价。从微观层面看，公路水毁为具体受灾路段、桥梁、涵洞等承灾体，影响因素众多，而且成因复杂。

2.1 暴雨、洪水是造成公路水毁的主要因素

我国洪水灾害分布广泛，其中，最常见、危害最大的是暴雨洪水灾害。汛期的强降雨，使河道水流流量和流速加大、水位上升，对公路结构物造成不同程度的冲刷和淹没破坏，洪水持续时间越长，对公路造成的威胁和损失也越大。

汛期洪水水流急速冲刷公路，造成公路水毁

2.2 河流特征对公路水毁有重要影响

2.2.1 河流形态

河流形态（包括断面形态、平面形态等）对沿河公路水毁的影响，主要是改变水流的边界条件，导致水流对路基的不利作用，加剧了水毁的强度和规模。具体表现为：河流弯道导致凹岸冲刷；河流断面压缩使得上游壅水过高淹没路基路面，并导致压缩断面的集中冲刷；地形变化引起水流方向改变而对路基产生顶冲或斜冲；河底出现明显跌坎的下游水流速度突然增大等。

G321 线路基水毁（贵州三都，2007 年 7 月 27 日）

山区河流一般峡谷段和开阔段相间。开阔河段的河湾多数半径较大、河床较宽、水流散乱，易造成股流顶冲路基、桥涵；峡谷河段的弯道半径较小且比降大、水流速度快，易发生严重的冲刷和壅高，可能导致“水上路面”，引起路基路面水毁。

山区沿河公路受水流作用，主要是弯道凹岸冲刷和对岸挑流顶冲。即使是直线路段，若河流的上游有河湾，也可能受到弯道水流冲刷的影响；顺直河段的公路受河流对岸局部突出地形影响，水流被挑向公路一侧，也会引起路基边坡的冲刷。

2.2.2 河床质

河床质是组成河床的固体物质。不论哪一类河床质的河段，发生较大洪水时，都可能出现不同程度的沿河公路水毁。不同河床质的河段，发生公路水毁的类型有所不同。

以基岩、巨石、大漂石为主的河床，因水流速度大、流动变化剧烈，具有十分强烈的冲击力，易造成沿河公路、桥梁及防护工程被冲毁；而河床质以卵石、砂及细颗粒泥沙为主的河床，因河流较宽、水流速度有所减小，且水位较低、变化较为平缓，造成沿河公路水毁主要是因为坡脚冲刷等。

山区河流洪水往往挟带有大量泥沙、卵石和漂石，特别是河床比降较大的山区河段，挟带沙、石的水流具有巨大的冲击力，对沿河公路、桥梁和小桥涵造成严重威胁。

2.3　降雨汇流的影响因素

影响降雨汇流的因素主要有公路沿线流域地形、流域面积、植被条件等。

若公路沿线区域范围内地形总体较陡，流域面积较大，极易造成雨水汇流速度加快，导致严重的公路水毁。处于山区的公路，山高沟深，沟壑纵横，路线大多依山傍水，路基多半填半挖，边坡坡度较陡，使汛期洪水汇流速度加快，易造成公路水毁。若区域山体、边坡岩土体松散破碎，稳定性较差，则易引起由暴雨诱发的崩塌、滑坡、泥石流等地质灾害，间接加剧公路水毁程度。

沿河公路所在流域内的植被类型及其覆盖程度，对于流域的汇流影响显著。通过流域蓄渗，植被能缓和暴雨对地表的冲击，减缓径流形成、减小径流量。随着植被覆盖率的提高，公路水毁的范围和水毁程度呈下降的趋势。

所以，地形起伏较大、构造活动强烈、岩土体风化破碎严重、地质环境脆弱的地区，在降雨、人类活动等条件下，极易发生洪水水毁及滑坡、崩塌、泥石流等次生地质灾害。次生灾害往往诱发或加剧公路水毁灾害，形成灾害链。例如，陕南秦巴山区岩石裸露，则降雨入渗少；坡度陡，则汇流时间短；河槽深切且狭窄，在强降雨和长历时连续降雨作用下，洪水水流集中，陡涨陡落，破坏力极强。

2.4　公路工程结构物

公路工程作为公路水毁灾害的承灾体，也具有重要的影响作用。

公路修筑于自然环境之中，与自然因素相互作用。公路水毁与公路等级、路面高程、防护标准、养护维修等密切相关。

山区公路工程地质条件复杂，山高沟深，沟壑纵横，公路布线难度大，路线大多依山傍水，路基多半填半挖，易造成路基及边坡稳定性较差。公路建设等级、工程设计施工质量、排水系统和防护措施完善程度、养护维修及灾害整治措施等，都会对山区公路水毁产生影响。

在我国广大山区，受地形等方面的限制，公路不少路段沿河展线，路基形式以半填半挖或填方为主，填方多由开山废渣填筑。尽管填方中有大量的大块石构成路基边坡，如果未作冲刷防护措施，在一般洪水条件下，因水位较低，流速不大，坡脚块石较大，坡脚边坡也较平缓，能够抗御洪水冲刷而保持路基边坡的稳定。但在较大的洪水条件下，极易造成路基坍塌水毁。

S209 线 K327+500 处（左图）、K322+850 处（右图）冲毁路基（贵州，2008 年 5 月）

公路密集的地方，人类工程经济活动与自然环境之间的相互作用明显，洪水灾害造成的损失往往更为严重。但如果公路等级、防护标准高，洪灾损失就越小。

2.5　不合理的人类活动

不合理的人类活动，如开挖山体、破坏植被，侵占河道、挖沙取土等现象，往往造成水土流失、河道淤塞，不利于汛期沿河公路、桥涵的安全、稳定。

(1) 乱砍滥伐、不合理开挖山体，河道过度采沙以及在河道内随意弃物。公路建设中，不可避免地存在山体开挖与路基填筑，造成斜坡稳定性降低和水土流失，一定程度上加剧了暴雨径流和崩塌、滑坡等地质灾害的形成。

在河道中大量采沙，导致河床面下降，水流紊乱，引起河床不利变形。另外河道弃物压缩河流断面，引起行洪不畅，都可能引起公路桥梁水毁。

G108 褒棋线 K1771+900 处，因在建的宁棋高速公路工程段施工向河道倾倒废渣，挤占河道，造成该路段沿河公路挡土墙基础冲空 150 多米，致使挡墙和路面于 9 月 29 日下午 4 时许开裂跨塌长达 30 余米（陕西汉中，宁强公路段，2007 年 9 月）

(2) 人为改变河流形态。天然河道是在一定历史时期内，经由内外地质动力综合作用的结果，或弯或直都有其自然规律。由于山区可供建设用地资源非常宝贵，因此常常进行改河工程建设，但改河工程必须经过科学论证，顺应河流的自然规律。不合理的压缩河道或改变水流形态，将可能致使公路水毁灾害加剧。

侵占河道修建房屋，造成路基、房屋水毁

改河工程水毁引起渠道和路面损毁

第3章

公路洪水灾害的调查和识别

公路水毁灾害防治的重要内容之一是灾害的调查和识别。沿河公路、桥涵洪水灾害调查与识别是通过对水毁信息的收集，对灾害的类型、规模及危害等作出科学合理的分析判断，为水毁的预防及修复、整治提供可靠的依据。因此，公路部门应重视公路水毁基础资料的调查、分析及管理工作。

3.1 公路洪水灾害调查

灾害调查可以分为历史调查和现状调查，也有灾前、灾中和灾后调查之分。根据调查任务和目的不同，所采用的方法也不同。正确掌握简便实用的调查方法，可以满足不同层次（包括日常巡查、定期检查、定点监测、试验观测、专业技术调查、上级巡视以及应急救灾等）的防灾需要，且经济有效。其中，资料收集和现场调查相结合是常用的方法。

3.1.1 公路洪水灾害调（巡）查

针对已发灾害的历史调查，包括对水毁形式、位置、规模、发生时间、地形地貌、气象水文、地质条件，灾害的性质、形成原因和工程治理情况，以及水毁灾害的历史等的调查。水文调查是用来确定设计频率洪水参数和灾害修复治理工程的重要依据。现状调查则侧重于灾害路段目前状况和灾害迹象的客观评判。可见，公路洪水灾害调（巡）查可以是灾前调查，也可以是灾后调查。

调查和观测沿河路段、桥涵的水毁历史及现状，明确受水毁威胁较大的路段洪水时的水力水文参数、河床形态特征、水毁的类型规模及防护效果等，重视对山区公路沿线的水文资料的收集工作，可以为公路水毁治理工程提供翔实可靠的基础资料。

公路水毁资料的调查方法很多，比如，查阅已有的历史水毁纪录、现场实地调查，或者通过各种媒体等。借此分析各地区各路段的水毁原因及形态，进行公路水毁资料的收集整理，及时了解最新的水毁动态。

通过已发水毁灾害或灾害迹象的调查，提取水毁的主要影响因素、发展过程，可为分析地区公路水毁成灾的原因、机理、特点提供可靠的依据，最终实现水毁灾害的有效管理。不同的调查主体，可以根据需要从宏观层面或微观层面开展洪水水毁调查工作。

1）宏观层面

(1) 工程地质条件。需要收集的工程地质基础资料主要包括：公路沿线的岩土类型、地形地貌（如地形特征、地貌类型、特殊地形等）、地质构造，以及不良地质条件等。

(2) 气象水文条件。主要包括：当地气象降雨资料、历史洪水资料、河道地形等，对于一些特殊地段还需作冰凌调查、河床演变资料的调查等。

(3) 公路网条件。主要包括：公路网布局的区域特点、公路交通规划、公路网密度、各等级公路在区域路网中所占比例、历史公路水毁记录（包括各种水毁统计数据）等。

(4) 流域植被条件。主要包括：植被类型、分布规律及覆盖率等。

2）微观层面

(1) 沿河公路、桥涵及其防护工程。主要包括：公路等级、路基填料、压实度、路基（桥涵）形式，以及防护工程、排水设施的形式、尺寸，砌筑材料强度、数量（规模）、布设位置，基础埋深及其自身防护的合理性等。

(2) 河段类型。主要包括：河段与路基、桥涵之间的相对关系、河流断面形态及其地形图，河道弯曲、顺直，变迁、稳定与否，有无支流汇入等。

(3) 河床因素。主要包括：河床质的组成（黏性土或非黏土河床，泥沙粒径和级配）、河床糙率和河床比降（河段上游附近的平均比降）等。

(4) 河道上游的局部地形。主要包括：急弯凹岸、山嘴巨石、河道整治、占用开发等方面的因素，都有可能导致公路抗水灾能力减弱。

(5) 水毁资料的记录。水毁记录的重点是洪水发生的时间、流量、水位、频率，以及洪水造成的公路结构物的各种破坏等。水毁资料记录主要内容包括：①水毁路段基础信息，包括桩号以及路段所处的自然环境等；②水毁破坏基础数据，包括水毁原因、位置、规模（水毁路段长度、土石方数量等）、数量以及水毁发生的时间等；③水力水文计算基础数据，包括由洪痕推定或现场标定的洪水位、洪水位与路线设计高程的高差、水流流速、洪水持续时间等；由于山区洪水一般峰高量大、水流速度快、漂浮物多，传统的缆道测速仪无法正常工作，可用漂浮物（如稻草旗）测洪水流速；④水毁危害的历史和整治状况；⑤适时了解国内外的水毁灾害整治工程措施、新技术、新材料以及新理念，作为本地区防治公路水毁灾害的必要参考。

公路水毁基础资料调查的要点和方法见下表。

调 查 分 类	调查要点及内容	调 查 方 法
沿河公路	1. 水毁原因、位置、规模、发生时间、路基形式、路面高程、路基边坡坡率、地形地质条件、防护工程情况，水毁灾害的历史与现状等； 2. 洪水暴发的时间、最高水位及其持续时间、涨落过程； 3. 洪水留下的泥痕、水记或人工刻记，以及其他表明最高洪水位的证据	现场调查和测量，访问当地居民、目击者
桥梁	1. 桥梁主体是否破坏； 2. 桥位设置是否妥当； 3. 孔径大小； 4. 墩台基础埋深； 5. 桥头引道和调治构造物是否设置妥当； 6. 水毁处的河床地形、地质情况； 7. 养护是否及时； 8. 护坡体（各类挡土墙、护坡、桥头锥坡、河堤铺砌等防护工程）是否失稳	现场调查和测量
小桥涵	1. 位置、结构形式、数量设置是否妥当； 2. 孔径大小； 3. 桥涵上游是否有破坏植被、沟道挖土等，造成河床的不利冲刷； 4. 防护设施是否设置妥当； 5. 是否因为养护不及时造成桥涵局部水毁； 6. 基础埋深； 7. 进出口及洞身是否出现不均匀变形甚至开裂	现场调查和测量

永蓝高速公路水文调查（湖南永州，2009 年 4 月 21 日）

降雨是引发洪水灾害的重要原因，汛期来临之前应对可能成灾的隐患点进行排查，汛期应加大巡查次数，通过灾害迹象的早期判断，适时采取各种预防或应急措施，可有效降低灾害发生的可能性。在降雨及其他可能导致公路洪水灾害的事件（如水库泄洪）发生以后，应适当加大巡查的频次，以便及早捕捉灾害信息、减少或避免经济损失及人员伤亡。

在调（巡）查过程中，由各级调（巡）查人员填写“公路洪水水毁灾害调（巡）查表”，编制调（巡）查报告，这样做有利于灾害过程的跟踪、信息共享和科学处置。

对公路水毁或潜在水毁路段进行实地调（巡）查、跟踪和资料搜集而得到的资料、数据序列，可以为水毁易发路段、水毁临界条件、成因机理、可能损失程度以及公路水毁的位置时间、形态规模的预测评价提供基础信息。通过对资料进行统计分析、对比研究，明确其水毁分布密度、水毁规模和水毁频率，可为科学地分级、评价提供依据。

3.1.2 公路洪水灾害的灾（险）情调查

在洪水涨落过程中，会对公路工程结构物造成不同程度的破坏。如果破坏尚未稳定、终止，则该破坏状态称为险情。若破坏已经稳定或者得到有效地控制，则称该破坏的后果为灾情。因此，公路洪水灾害的险情调查属于灾中调查，灾情调查属于灾后调查。

公路洪水灾害险情发生以后，工程技术人员应按照要求、积极主动地调查收集灾害的相关信息，如水毁发生的时间、位置、工程名称，灾害类型、规模及主要特征，直接经济损失、人员伤亡情况，车辆受阻情况及抢修期限等。将各种灾害损失的动态数据和抢通、修复的工作情况汇总后，及时向上级主管部门和当地政府及有关部门汇报，实现信息沟通与共享，可作为公路洪水灾害应急处置及灾后治理中人力、物力和资金投入的决策依据。

为了便于现场技术人员进行洪水灾害险情或灾情调查，并进行快速、准确的灾（险）情统计上报、损失估计，根据公路水毁灾害造成阻断交通的时间、可控性、影响范围及可能造成的后果等，一般将公路水毁灾害的灾（险）情等级分为四级：Ⅰ级（特别重大水毁灾害），Ⅱ级（重大水毁灾害），Ⅲ级（较大水毁灾害），Ⅳ级（一般水毁灾害）。

Ⅰ级：高等级公路（含高速公路、一、二级公路）水毁灾害造成交通中断或阻塞的时间预计或已经超过12h；国道、省道、县乡道等公路预计或已经超过24h，且短期内难以修复，滞留车辆很多，涉及面和社会影响很大。各管养部门应立即启动水毁灾害抢修应急预案，并立即报告当地政府和上级交通主管部门，向社会、媒体通告阻车信息。在政府和上级公路主管部门的指导下，各级应急指挥机构按分工各司其职，各管养部门主要领导及时亲临现场组织抢通、抢修和协调工作。

Ⅱ级：高等级公路水毁灾害造成交通中断或阻塞的时间预计为6～12h，国道、省道、县乡道等公路预计为12～24h，且短期内难以修复，滞留车辆较多，涉及面和社会影响较大。各管养单位应立即启动水毁灾害抢修应急预案，并立即报告当地政府和上级交通主管部门，向社会、媒体通告阻车信息。在政府和上级公路主管部门的指导下，各级应急指挥机构按分工各司其职，各管养部门分管领导及时亲临现场组织抢通、抢修和协调工作。

Ⅲ级：高等级公路水毁灾害造成交通中断或阻塞的时间预计6h以下，国道、省道、县乡道等公路预计12h以下，且短期就可以修复，滞留车辆较多，涉及面和社会影响较大。各管养部门应立即启动水毁灾害抢修应急预案，并立即报告当地政府和上级交通主管部门，向社会、媒体通告阻车信息。在政府和上级公路主管部门的指导下，各级应急指挥机构按分工各司其职，各管养部门负责人及时亲临现场组织抢通、抢修和协调工作。

Ⅳ级：水毁灾害抢修仅占用个别车道的，车辆可以缓慢通行，涉及面较小，由当地公路部门及时处理。

这种灾（险）情的分类定级，可以根据地区的具体情况（如按照损失金额等）进行灵活调整，有利于部门之间的协调和防灾工作的开展。

因此，灾（险）情调查的主要内容包括：灾害类型及规模、灾（险）情描述、潜在的危害范围、降雨量、阻断交通时间、是否发布灾（险）情信息、区域内的路网调度情况、抢修措施、直接损失及人员伤亡情况，以及灾（险）情等级等，并酌情填报“公路洪水灾害灾（险）情统计上报表”。

综上所述，根据历次水毁灾害调（巡）查及灾（险）情调查情况，可及时编写、上报相应的《公路洪水灾害防治工作总结报告》（内容包括：气象水文、地形地貌、水毁灾情，水毁灾害预防、抢通修复工程中成功的做法与经验教训，组织保障，部门协作，先进事迹，典型水毁案例，遗留问题和下一步预防与修复工作的建议等）。这样做的目的，是及时总结、提高认识，有利于公路洪水灾害防治工作的开展。在水毁治理的实践中，公路养护部门应大量收集现场资料，对所使用的科技成果进行检验和改进，进一步推动水毁防治科学技术的发展和进步。

3.2 公路洪水灾害易发路段的灾前识别

灾前识别的主要目的，是明确水毁易发路段，估计水毁可能发生的程度和损失。

在洪水及其携带的滚石、漂浮物等物质的冲刷、撞击、淤堵、淹没等作用下，沿河公路路基路面、桥梁、小桥涵及防护工程易遭到不同程度的破坏，严重时导致交通受阻或中断。由此造成的洪水灾害是公路养护管理工作的重点之一。公路洪水水毁灾害具有典型的季节性、突发性等特征。其发生的不确定性是公路水毁灾害风险客观存在的前提条件。

公路洪水灾害的识别，是结合公路水毁路段的地形地貌、水文、地质等条件，深入研究暴雨、洪水等因素对山区公路水毁灾害发生的作用以及水毁灾害的发生规律，提出公路洪水灾害的识别方法和识别原则，使潜在水毁灾害的识别成为可能，并为公路水毁灾害的预防和防治提供参考。灾前识别使得公路洪水灾害防治变得更加主动、超前。

较为严重的公路水毁一般分布在这些地区：①降雨总量大或降雨强度大的地区；②山区、环境生态脆弱或植被破坏严重的地区；③公路密度大且等级低的地区；④崩塌、滑坡、泥石流等地质灾害多发且密度大的地区。而且，较为严重的水毁主要出现在该地区的汛期，特别是主汛期里。这是对公路水毁灾害灾前风险识别的时空综合判断。

2009 年 7 月 11 日，宣汉县境内普降暴雨，短时间内绝大部分乡镇降雨量高达 200mm 以上，其中龙泉乡降雨量 331.8 mm，河水陡涨，山洪暴发，泥石横流，致使该县交通设施损毁严重，令人触目惊心。7 月 13 日凌晨，全县范围再次普降暴雨，过程降雨量达到 324.7mm，全县国、省、县、乡、村公路再招重创。全县累计发生大中型公路交通灾害 600 余处，国省干线多次多处阻断，县道和绝大多数通乡公路完全中断，其中新城开公路樊哙至城口界 36km 道路基本报废，村社道路严重毁坏，在建交通项目水毁严重。直接经济损失约 3.3 亿元。（四川：宣汉县 7.11、7.13 特大洪灾公路损失 3.3 亿元，四川新闻网）

3.2.1 沿河公路水毁易发路段

沿河公路水毁易发路段的确定应根据实际工程，灵活判断。结合水毁的主要类型，沿河公路水毁易发路段一般有以下几种情形。

（1）水流有可能冲刷路基的路段

①沿河流弯道凹岸的路段。河湾水流在重力和离心力的作用下形成螺旋流，易冲刷凹岸，淘刷坡脚，冲毁路基路面。

沿河流弯道凹岸洪水水毁严重（兴义、安顺公路管理局，贵州，2008年5月）

②对岸有山嘴、巨石等地形突变的路段。此类地形将水流挑向对岸偏下游，主流沿多年斜流冲刷形成的深槽，以弯曲水流的形式逼向对岸，沿对岸坡脚流向下游，从而造成对沿河公路的冲刷。即使对面河岸是直岸，仍然会受到冲刷。

③顺延山区开阔河段和山前区变迁性河段的路段。这些河段直段河槽内，弯曲的股流、汊流紧逼河岸流动时，也容易形成股流的凹岸冲刷。

④有支流汇入的路段。这类河段由于支流对主流的干扰，容易造成水流对河岸的顶冲。

（2）路基压缩或侵占河道的路段

①在路基压缩、侵占河道或者地形突变使河道变窄的路段。由于河道受到压缩而变窄，挤束水流，压缩断面附近的水流速度大、冲刷严重，容易引起河床和公路边坡的剧烈冲刷，乃至毁坏。

②沿河路基设计高程低于洪水位的路段。在洪水较大时，由于河道被压缩侵占而导致水位急剧上升，若洪水位高于路基设计高程，则会漫溢到路面，造成“水上路面”，甚至冲毁路基。

(3) 河岸坡度较为平缓的沿河路段

此类沿河路段由于河道坡度较缓，在遭受洪水时，路基边坡容易被洪水长时间浸泡，而使路基变得潮湿，导致路基不稳定。

贵州 G321 线 K1022+320 ~ K1022+440 压缩冲刷，导致水毁（贵州，2007 年 8 月）

(4) 曾经发生过水毁的路段

洪水具有一定的重发性。相应地，公路洪水灾害也具有类似的规律。曾经发生过水毁的路段，当再次遭遇水毁是相近级别的洪水时，如果防护工程设置得不是足够稳固，则还可能发生同样类型的水毁。若洪水水位更高、流速更快的话，还可能出现其他的水毁破坏形态。

把历年易发生水毁的路段和桥涵构造物作为防汛重点地段，建档备案、分类编号，并上报或下发相关职能部门，有利于提前防范公路洪水灾害。

(5) 其他易发路段

①波浪较大路段。在大江大河、湖区、库区等水面开阔且波浪较大的路段，由于波浪对路基的拍击冲淘，使路基边坡容易遭到破坏。

②可能被流冰、漂浮物冲击的路段。在冬季结冰的河流，春季冰雪融化以后大块的浮冰顺流而下，其冲击力很大，容易造成对路基的冲击破坏，漂浮物情况与流冰的相似。

③地质和水文条件较复杂、降雨较丰富的山区沿河公路。在暴雨条件下，泥石流、滑坡、崩塌等灾害时有发生，可能对洪水的涨落和路基的抗水毁能力产生影响，容易造成路基的毁坏。

④沿河路基防护措施不完善路段，容易遭到洪水的冲刷。由于防护工程布置不合理（如基础埋深不足而外露，在冲刷较严重的位置未采用相应的防护

措施），或疏于维修加固等种种原因，沿河公路的防护措施不力，从而不能有效地抵抗洪水冲刷力、冲击力的作用，发生局部或者整体破坏。

洪水冲毁路基处回填处理。此处水毁前防护力度不足（江西婺源，2008年6月16日）

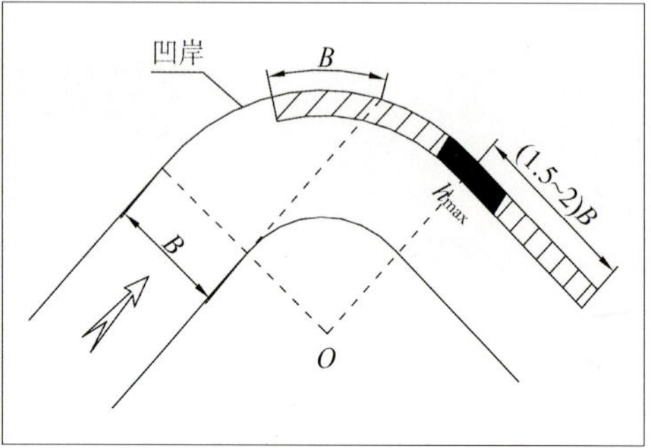

河湾凹岸出口断面下游直段还必须有1.5～2.0倍河槽宽度（B）的防护长度（h_{max}表示该处冲刷深度最大）

⑤公路路基自身强度及稳定性不足的路段。路段建设或改建时填筑材料强度不足，施工中夯实密实度不够；或者，由于基础处理、坡面排水系统、边坡防护及加固措施不够完善，引起路基自身稳定性不足，难以抵御大洪水的冲刷、冲击。

3.2.2 桥梁水毁易发路段

（1）墩台基础裸露较为明显的桥梁

随着河床逐年冲刷下切，桥梁墩台附近的冲刷变形加剧，或者河道主流发生改变，与设计时的工况大不相同，导致墩台基础裸露，当遭遇大洪水袭击时，容易失去基础稳定性，甚至发生墩台倾倒、局部变形，危及桥梁上部结构的安全。严重时，发生桥梁全毁。

（2）桥面设计高程低于洪水水位

发生大洪水时，桥前水位超过桥面高程，失去通行能力。如果桥梁不能抵抗水流或各种漂浮物的作用力，就会发生局部或全部毁坏。

（3）桥孔淤堵严重，输水能力下降

随着河床变形的加快，部分桥孔发生不同程度的淤塞，不再是主要的过流通道，可能影响桥位处的汛期输水能力。当洪水主流流向这些桥孔时，或者发生大洪水时，由于桥孔过流能力下降，桥前水位壅高，达到甚至超过桥面高程时水流作用力很大，如果桥梁不能抵抗该作用力，就会发生局部或全部毁坏。

（4）导流、调治构造物失去其对桥梁的冲刷防护作用

导流、调治构造物自身发生变形破坏，或者年久失修，丧失了其对桥梁的保护作用，在洪水的作用下自身难保，使得桥梁及其引道直接接受洪水的冲刷，易发生水毁。

（5）其他情况

在采沙船等危险性较大的漂浮物的撞击作用下，桥梁因为不能承受水平的作用力而发生变形、局部毁坏，成为危桥，严重影响通行水平；甚至不能承受洪水和漂浮物的共同作用而全部毁坏。

3.2.3 小桥涵水毁易发路段

小桥涵数量、位置、孔径、进出口处理、底坡或铺砌加固措施不当，导致排水输沙能力不足，易发生淤积堵塞、冲刷破坏，或沟槽洪水漫溢路面，甚至冲断两端的路基。

（1）小桥涵位置选择不当，水流不畅，或孔径偏小，满足不了排洪输沙要求。

（2）基础深度、强度不够。

（3）涵洞进出口处理不当。

（4）施工质量不合格，在洪水的作用下，轻者淘空基础、堵塞涵洞，降低通行能力，重者冲毁小桥涵，阻断交通。

上述灾害易发地段极有可能发生洪水水毁灾害，应该加以重视。在预案制订时，将这些路段纳入到重点防范的工作计划中，可做到知己知彼、心中有数。

对于公路水毁的易发路段，在公路设计时应该认真勘察，认清这些公路水毁易发路段的规律、特点，并因地制宜，作出相应的设计和防护。在施工及水毁工程修复时，应该严格按照设计施工，控制施工质量，从而减少水毁现象的发生。

第4章

公路洪水
灾害的预测预警和
应急处置

在洪水灾害防治过程中，公路养护管理部门应加强与气象、水利等部门合作，及时发布公路雨情、水情，特别是险情预测预警信息，预先落实公路桥梁防洪、抗洪的各项措施。公路水毁发生后，各级公路交通部门应及时组织抢险，按照“先干线后支线，先抢通后修复”的原则，合理安排人力、设备及抢险物资，迅速抢通，从而有效减轻洪水灾害损失。

各级公路部门应按照应急预案，及时有效地开展各项工作，确保第一时间获取各类信息并及时发布预测预警，第一时间发现洪灾险情、迅速上报公路灾情并组织抢险、管制交通，从而保障交通畅通、行人安全、抢险救灾物资及时运送。

4.1 预测信息

4.1.1 气象信息（“雨情”）

在汛期内应经常通过观察天气、收听广播、收看电视等方式关注天气预报信息，了解近期内是否有发生暴雨的可能。关注区域内每日24h降雨情况，尤其是强降雨的预计发生时间、持续时间、影响范围和强度大小等。

我国气象部门采用的暴雨预警分级方法，是分别用红色、橙色、黄色和蓝色来表示四级预警，由各级气象主管机构所属的气象台站向社会公众统一发布暴雨预警信号。

预警标志	预警级别	降雨量	防御措施
暴雨 红 RAIN STORM	红色预警	3h降雨量将达100mm以上，或者已达100mm以上且降雨可能持续	1.政府及相关部门按照职责做好防暴雨应急和抢险工作； 2.停止集会、停课、停业（除特殊行业外）； 3.做好山洪、滑坡、泥石流等灾害的防御和抢险工作
暴雨 橙 RAIN STORM	橙色预警	3h降雨量将达50mm以上，或者已达50mm以上且降雨可能持续	1.政府及相关部门按照职责做好防暴雨应急工作； 2.切断有危险的室外电源，暂停户外作业； 3.处于危险地带的单位应当停课、停业，采取专门措施保护已到校学生、幼儿和其他上班人员的安全； 4.做好城市、农田的排涝，注意防范可能引发的山洪、滑坡、泥石流等灾害

续上表

预警标志	预警级别	降　雨　量	防御措施
	黄色预警	6h 降雨量将达 50mm 以上，或者已达 50mm 以上且降雨可能持续	1. 政府及相关部门按照职责做好防暴雨工作； 2. 交通管理部门应当根据路况在强降雨路段采取交通管制措施，在积水路段实行交通引导； 3. 切断低洼地带有危险的室外电源，暂停在空旷地方的户外作业，转移危险地带人风吹草动和危房居民到安全场所避雨； 4. 检查城市、农田、鱼塘排水系统，采取必要的排涝措施
	蓝色预警	12h 内降雨量将达 50mm 以上，或者已达 50mm 以上且降雨可能持续	1. 政府及相关部门按照职责做好防暴雨准备工作； 2. 学校幼儿园采取适当措施，保证学生和幼儿园安全； 3. 驾驶人员应当注意道路积水和交通阻塞，确保安全； 4. 检查城市、农田、鱼塘排水系统，做好排涝准备

近年来，交通运输部与中国气象局紧密合作，开展了“全国公路气象预报”业务，使受影响的地区在第一时间掌握气象动向，便于及时安排公路水毁灾害的预防与治理工作。

公路部门可把气象部门发布的降雨量作为公路气象预测信息，并结合自身实际情况采取应对措施。

小知识：气象灾害预警信号

为了进一步规范气象灾害预警信号发布与传播工作，增强全民防灾减灾意识，减轻或避免气象灾害损失，中国气象局于 2007 年 6 月 12 日起正式施行《气象灾害预警信号发布与传播办法》。根据办法相关规定，我国各类气象灾害预警信号由名称、图标、标准和防御指南组成，具体分为台风、暴雨、暴雪、寒潮、大风、沙尘暴、高温、干旱、雷电、冰雹、霜冻、大雾、霾、道路结冰等 14 类。

预警信号的级别依据气象灾害可能造成的危害程度、紧急程度和发展态势一般划分为 4 级：Ⅳ级（一般）、Ⅲ级（较重）、Ⅱ级（严重）、Ⅰ级（特别严重），依次用蓝色、黄色、橙色和红色表示，同时以中英文标示。气象部门将根据不同种类气象灾害的特征、强度等，确定不同种类气象灾害的预警信号级别。

小知识：气象部门降水等级划分

降水等级划分与雨量（单位：mm）

等级名称	24h降水量	降水状况
微雨	<0.1	地面不湿或稍湿，如不注意，好像没有下雨一样
小雨	0.1 ～ 9.9	地面已全湿，但无积水
中雨	10 ～ 24.9	下雨时有雨声，地面有积水
大雨	25 ～ 49.9	雨声激烈可闻，遍地积水，薄的雨伞被湿透并渗进水滴
暴雨	50 ～ 99.9	雨声很大，倾盆雨下。打开窗户，室内就听不到说话声。下水道不及时排水，常有外溢
大暴雨	100 ～ 249.9	—
特大暴雨	≥250	—

各级气象部门十分注重加强气象灾害预警信号发布与传播设施建设工作，努力使灾害性天气预警信息尽可能覆盖可能受影响的群体；同时，加强与广电、电信、城建、交通等部门的合作，利用电视台和电台插播、手机短信、交通广播、城区及道路显著位置的电子广告牌等设施及时发布预警信号、信息，保证预警信号通信传递正确、渠道畅通、播发及时。交通部门应加强与气象部门的沟通，保证气象信息的及时获取。

4.1.2 洪水信息（“水情”）

公路管养部门应密切关注公路沿线及附近地区水文监测站发出的相关信息，包括发生流域、发生时间、洪水频率、洪水位、已经和预计影响区域。建议针对不同的构筑物设置不同的特征水位，根据特征水位的情况发出相应的预测预警。

构筑物	特征水位	水位标准
沿河公路	警戒水位	洪水水位低于公路路面
	罕见水位	洪水水位等于或高于公路路面高程
桥梁	警戒水位	历年常水位
	罕见水位	水位到达或高于桥孔顶面或桥面高度
小桥涵	警戒水位	水位达到涵前路基坡脚高程
	罕见水位	水位达到路面高程

注：涵前水位高于涵后水位，所以定义小桥涵的特征水位时采用涵前水位。

设置在北川通口河电站上的仪器24h监测水情（新华网，2008年6月10日）

若上游水位接近或达到警戒水位，则应对洪水可能影响到的下游区域发出预警信号。另外，上游发生洪水时，由于各种原因，预警信息可能未及时传递到下游区域，下游区域养护人员可注意观察河流中的漂浮物，若出现树木、居民物产等，则说明上游已发生较大洪水，需及时上报，作出相应的应急反应。

4.2 预警信息及分级

雨情和水情仅仅是预警的基础信息，详细的预警分级，应根据险情（即当前的实际破坏情况）来划分。

4.2.1 预警信息

当可能出现洪水灾害时，应及时启动预警预报体系和防灾预案。警报发布可以根据事先设定的程序自动启动，也可以人工启动。警报发布系统启动，是通过GPRS/SMS网络自动启动设立在危险区域的重点防范单位、人口集中地的声光报警系统，如警报器、警灯、自动广播系统等，并采用SMS短信群发、电视直播、电台广播、人工锣鼓号等方式向危险区群众发送通知。确保在洪峰来临之前公路及其沿线的人员及车辆物资安全转移，最大限度地减轻人员伤亡和财产损失。

一旦发生公路水毁灾害，当地的公路养护部门应及时进行灾（险）情调查和统计上报，路网中心应通过广播、电视、固定网、移动网、因特网、电子显示装置等对公路损毁状况及交通阻断情况发出预警信息，包括公路损毁、中断、阻塞的原因，发生时间，起止位置和桩号，预计恢复时间，已造成道路基础设施的直接损失，已滞留和积压的车辆数量和排队长度等。同时，根据灾

（险）情大小和预警级别，由相应的公路主管部门启动应急预案，并派出专人对受损路段进行清理、抢修，设置险情提示标志，协助交警疏导交通。若损毁不严重，可进行单向限速通车；若损毁严重，则要封闭该路段，另外开通符合标准的便道临时通行，或选择替换道路绕行。

4.2.2 预警分级

我国交通运输部《公路交通突发事件应急预案》规定，根据突发事件发生时对公路交通的影响和需要的运输能力分为四级预警，分别为Ⅰ级预警（特别严重预警）、Ⅱ级预警（严重预警）、Ⅲ级预警（较重预警）、Ⅳ级预警（一般预警），分别用红色、橙色、黄色和蓝色来表示。交通运输部负责Ⅰ级预警的启动和发布，省、市、县交通运输主管部门负责Ⅱ级、Ⅲ级和Ⅳ级预警的启动和发布。突发事件包括自然灾害、公路交通运输生产事故、公共卫生事件和社会安全事件等。其中，自然灾害主要包括水旱灾害、气象灾害、地震灾害、地质灾害、海洋灾害、生物灾害和森林草原火灾等。公路洪水灾害属于自然灾害，其预警及分级应与《公路交通突发事件应急预案》保持一致。

预警级别	级别描述	颜色标示	事件情形
Ⅰ级	特别严重	红色	1. 因突发事件可能导致国家干线公路交通毁坏、中断、阻塞或者大量车辆积压、人员滞留，通行能力影响周边省份，抢修、处置时间预计在24h以上时； 2. 因突发事件可能导致重要客运枢纽运行中断，造成大量旅客滞留，恢复运行及人员疏散预计在48h以上时； 3. 发生因重要物资缺乏、价格大幅波动可能严重影响全国或者大片区经济整体运行和人民正常生活，超出省级交通运输主管部门运力组织能力时； 4. 其他可能需要由交通运输部提供应急保障时
Ⅱ级	严重	橙色	1. 因突发事件可能导致国家干线公路交通毁坏、中断、阻塞或者大量车辆积压、人员滞留，抢修、处置时间预计在12h以上时； 2. 因突发事件可能导致重要客运枢纽运行中断，造成大量旅客滞留，恢复运行及人员疏散预计在24h以上时； 3. 发生因重要物资缺乏、价格大幅波动可能严重影响省域内经济整体运行和人民正常生活时； 4. 其他可能需要由省级交通运输主管部门提供应急保障时
Ⅲ级	较重	黄色	Ⅲ级预警分级条件由省级交通运输主管部门负责参照Ⅰ级和Ⅱ级预警等级，结合地方特点确定
Ⅳ级	一般	蓝色	Ⅳ级预警分级条件由省级交通运输主管部门负责参照Ⅰ级、Ⅱ级和Ⅲ级预警等级，结合地方特点确定

小知识：公路交通突发事件应急组织体系

公路交通突发事件是指由自然灾害、公路交通运输生产事故、公共卫生事件和社会安全事件等突发事件引发的造成或者可能造成公路以及重要客运枢纽出现中断、阻塞、重大人员伤亡、大量人员需要疏散、重大财产损失、生态环境破坏和严重社会危害，以及由于社会经济异常波动造成重要物资、旅客运输紧张需要交通运输部门提供应急运输保障的紧急事件。针对上述事件，我国建立了由国家级（交通运输部）、省级（省级交通运输主管部门）、市级（市级交通运输主管部门）和县级（县级交通运输主管部门）四级应急管理机构组成的公路交通应急组织体系。

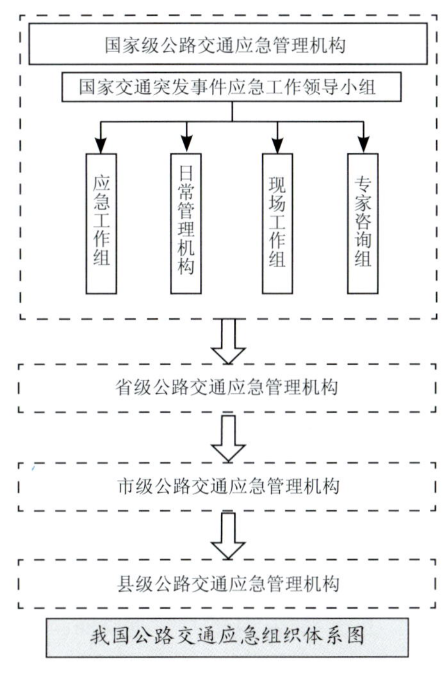

我国公路交通应急组织体系图

在实际工作中，事件情形应视降水量、洪水位、洪水灾害严重程度（公路、桥涵损毁的长度、宽度及恢复难度等）、交通中断受阻时间及地区公路网发展程度、公路抢险救援力量等多项指标而定。同时，在确定预警分级时，还应灵活地结合当地实际并考虑经济损失、人员伤亡等情况。

4.3 应急处置

公路水毁要以防为主、防治结合。对水毁多发路段，应经常检查、重点监测，建立档案汇总分析，进行事前预防，做到“注重排水、修养结合、加强管理、全面养护、发现问题及时处置”。若可能或已发生水毁事件则要及时启动应急预案，根据不同的预警等级，作出不同的应急响应。同时，公路养护部门应按不同的灾害类型采取相应的有效应急抢险方法，以保证受损路段尽快恢复通行。

4.3.1 汛前检查

在汛期前，对区域重要公路，特别是易水毁路段及桥梁进行全面检查，预防公路水毁等现象的发生。

（1）检查路基路面及防护工程、排水设施是否有破坏迹象。包括边沟、排水沟、急流槽等有无破坏和淤积；冲刷防护工程有无裂缝，若有裂缝要及时修复加固，防止洪水渗入造成水毁；沿河路基，特别是高填、深挖路段或地质不良地段的路基及边坡是否稳定，有无沉陷或滑移，路面有无变形等。

（2）检查桥涵的泄洪能力。桥涵的泄洪能力不足是导致水毁发生的重要原因之一。因此，汛前应根据当地气象部门的预报和水文观测资料，做好降雨量和河（沟）道洪峰流量的预测，以此检验桥涵的泄洪能力。若桥涵不能满足最大洪峰流量的泄洪要求，则要采取清淤、分流、导流、截流等工程措施加以治理，确保桥涵安全。

4.3.2 汛期的检查

在汛期，更应提高警惕，进行雨前、雨中、雨后巡查，核实雨情、水情信息，发生水毁险情要及时进行临灾处置。同时，还要密切跟踪雨情、水情和险情的发展情况。各级交通部门应加大对沿（跨）河（江）容易发生洪灾险情的路段，加大巡查力度，排查风险源，安排专人观察险情的变化，放置醒目的警示标志。对在建的项目，应加强洪水灾害风险管理。

在汛期的雨天，公路管理部门应组织工程技术人员对所辖路段进行巡视，检查小桥涵、沿河公路及各种防护调治构造物。对于桥梁及其调治与防护设施，要检验桥梁墩台是否沉陷、开裂，墩台外表是否风化剥落，锥坡及翼墙基础是否发生裂缝、倾斜，桥梁的其他调治与防护工程设施是否完好。如有破损，应及时修补。发生严重水毁并危及行车安全时，应立即设立警告标志或禁止通行标志，并及时上报。

4.3.3 临灾处置

（1）启动应急预案。在汛期或其他特殊情况下，针对雨情、水情、险情的信息，地方各级公路交通主管部门可按照国家《公路交通突发事件应急预案》的要求，及时启动事先制订的公路防汛应急预案，在第一时间采取应对措施，防止公路洪水灾害的发展、扩大。

（2）应急响应。根据不同的预警分级，采取不同的应急响应。预案启动后，主管部门应根据灾情和救灾工作的实际需要，组织调动救灾资源实施应急救灾，通过抢修、维护和加固等措施最大限度地减少灾害损失，尽快恢复交通。

为防止发生安全事故，应及时疏导被阻车辆和行人，对实行交通管制的路段派专人值守。同时，在沿线的路基毁坏（缺口、坍塌、下沉）等影响安全行车路段和其他危险路段设置明显的临时导向、警示标志和安全设施。

灾情发生后，主管领导应第一时间赶赴现场，指挥、部署抢险工作并组织有关部门开展各项工作。

(3) 调运应急抢险队伍和应急物资、机械。应急物资包括公路抢通物资和救援物资两类。公路抢通物资主要包括沥青、碎石、砂石、水泥、钢桥、钢板、木材（桩）、铁线、编织袋、大锤、铁锹、钳子、炸药、雷管、封路标志等；救援物资包括方便食品、饮水、防护衣物及装备、医药、照明、帐篷、燃料、安全标志（锥形桶等）、车辆防护器材及常用维修工具、应急救援车辆等。机械设备包括指挥车、巡查车、挖掘机、装载机、推土机、自卸车、吊车等。

汉中公路局佛坪公路段保 G108 线畅通（2007 年 8 月 30 日）

4.3.4 应急抢险技术

有关部门应在确保抢险安全的情况下，采取有效措施快速实施抗洪抢险。

(1) 沿河公路路基水毁

①路基被冲毁的抢修。

抢修冲毁路段（商洛公路局，2007 年 7 月）

路基被冲毁且缺口处有流水，若有石料供应，宜采用抛填片石的办法进行修复。方法是向缺口处抛石，逐渐缩小缺口断面，抛到最后用大片石或石笼堵口。若缺乏石料，可用砂袋填堵。若水流流速较快，而现场石块较小，抛投后立即被水冲走时，可采用抛石笼的方法。可以将预先编织、扎结成的铅丝网、钢筋网，在现场充填石料后抛入水中。石笼体积一般可达1.0～2.5m³，具体大小应视现场抛投能力而定。

S307 线洛柞路洛南境内，修筑临时便道（陕西商洛，2007 年 8 月）

路基缺口较深较长，或路基被冲毁后尚有流水且流速过大不能填筑时，应修筑临时性便道或搭建便桥，绕避该灾害点，且便道和便桥应满足行车要求。

洪水引发青藏公路海西段出现多处险情，K2403 处便道通行（新华网，2009 年 8 月 3 日）

②路基滑塌的抢修。

装砂袋回填路基（商洛柞水公路段，2007 年 7 月）

路堤坡脚被洪水冲毁或路堤边坡因降水后强度下降，不能维持自身平衡而发生边坡滑塌。当在半填半挖地段的填方一侧滑塌且另一侧路肩较宽时，可限速通车，然后组织力量修复。当一侧边坡滑塌且路基下有积水时，也可用抛石填筑的方法，抛到高于水面时，上部可继续抛石填筑，或用草袋或塑料袋填土堆筑，也可用河沙或炉渣等透水材料填筑。

当土质路堤的路肩裂缝下错，但尚不会马上坍塌时，可在边坡上打入木桩，桩进入滑塌面以下稳定土体的长度以大于桩总长一半为宜。为了增强抗滑力，桩顶可用连杆纵横连接起来。

利用片石或土进行边坡反压：反压片石的用量一般根据路堤高度和长度而定。反压的垂直高度为坍塌体高度的一半即可，宽度因坍塌体厚度而异。

③路基沉陷、挡土墙被毁的抢修。一般的沉陷开裂无碍抢险通行；沉陷开裂严重路段应适当补填处理；对裂缝已贯通形成圈椅状、错台高度大、边坡整体稳定性明显存在问题的路段，在维持半幅慢行的同时，应采用坡脚码砌片石或砂袋、坡体打设钢管桩等增加路基稳定性的措施作应急加固处理；若路基已大面积垮塌，需要重新回填处理或码砌砂袋抢通。

营山—星火县道公路路基全幅沉陷（南充市公路局，2007年7月）

临河挡土墙基底淘空失稳破坏，上边坡崩塌侵占道路，致使路基宽度严重不足。受洪水冲刷，部分路基及路面被冲毁，临河挡土墙冲毁，则采用沙袋护肩和填筑路堤的方式处治，打通宽度不小于3m的单车道，以保障通行，两端设“单向通行”的警示标志。

（2）桥梁水毁的抢修

汛期应进行必要的水文观测，及时掌握洪水动态。同时，重要桥梁应跟踪洪水过程，对水位变化、流速、流向、浪高、漂浮物和河床断面变化进行观测。

桥梁水毁抢修应急措施主要有：开通便道，封闭桥梁；监测洪水水情变化及桥梁墩台裂缝发展；桥墩冲刷坑抛石防护；疏浚河道，调治水流，用沙袋加固桥位变迁段河岸及引道路基等。

①漂浮物堵塞桥孔时的抢修。当流冰、漂浮物到达桥梁上游附近时应立即用钩杆、长柄斧头等疏导、砍散，要随来随清理。对于巨大的、可能对沿河路桥造成严重威胁的漂浮物，必要时可在上游用火炮将其击碎。通过大量排筏的河流中，汛期应在上游适当地点设船监视，对不能控制的排筏应视情况组织人员和船只将排筏拖引过桥。

洪水或流冰退落后，应马上进行检查、修理或加固，以免下一次洪水或流冰扩大其损坏范围，悬挂在护墩体及墩台上的柴草杂物等应立即清除。

②墩台基础、桥头锥形护坡受到严重冲刷的抢修防护。

爆破人员用火炮击打水面漂浮物，防止其对涪江大桥桥墩产生威胁(京华时报，2008 年 6 月 11 日)

宁强消防官兵正在打捞挡在翻板水闸前的树木(陕西省汉中市，新华网，2009 年 6 月 19 日)

桥涵锥形护坡被冲毁

对于墩台基础淘刷，常用的方法是在基础淘空处抛投块石，如流速较大，可抛投石笼。可掺和一定数量的小石块填塞大石块之间的缝隙，卡紧石块，使之成为整体。

抛投大型砌块。当流速≥5m/s，墩前局部冲刷危及桥梁安全时，可在墩前抛投大型片石混凝土砌块进行局部防护。

当发现墩台基础底下已冲空时，可在冲空部位填装有干石灰砂的小麻袋。麻袋由潜水工塞入基底空隙中，并在麻袋间打入扒钉互相联结，当灰砂遇水结硬后就成为一个坚硬的整体。此时，因小麻袋仅用来填塞基底空隙，故基础周围还应投入片石或石笼进行防护。

③防浪措施。桥涵锥坡、路堤和导流堤等边坡被波浪冲击和水流冲刷

2008年京广线黄河铁路大桥抛石固基防洪度汛施工（中新网，2008年6月18日）

铁路桥石笼防护

时，应因地制宜采取防浪措施进行防护。

常用防浪措施：土袋防浪、芦排防浪、草席防浪、挂柳防浪和铁丝石笼防浪。

④应急钢架桥。若桥梁已垮塌无法立即修复，则要架设应急钢架桥对道路进行抢通。

这座钢架桥横跨四川 S205 线上的涪江，它的架通，意味着重灾区南坝镇终于有了一条通向外界的公路交通，结束了地震以来南坝镇仅靠空投运输物资的历史，为灾区的重建提供了极为重要的公路交通条件（云南省交通运输厅，2008 年 5 月 27 日）

第5章

公路洪水灾害的防治措施

为了减轻或避免沿河公路和桥涵遭受洪水水毁损失，可根据不同的地形、水流条件，对水毁易发路段、桥（涵）位修筑防护工程措施，或对已有的防护设施进行加固完善。在水毁防治过程中，要遵循相关规定进行路基、桥涵及其防护工程的设计、施工和养护，使公路工程和自然环境相协调。

对于公路洪水灾害，其防治措施可分为工程措施与非工程措施两大类。工程措施按防护对象的不同，又可分为沿河公路、小桥涵和桥梁洪水灾害防治措施；非工程措施主要指工程措施以外的各种措施，包括宣传教育和灾害意识的普及等。

5.1 公路洪水灾害的防治措施

在洪灾严重的重点地段，应认真做好公路沿线水文勘测及防护工程、排水系统的调查与设计，实施或完善包括桥涵、丁坝、护岸、疏通河道等措施在内的各种工程措施。在非工程措施的指导、配合下，正确估计洪水流量，合理选择路基、桥涵工程的标准，采取植物防护与工程防护相结合的综合治理措施，并及时清除桥涵淤积物，保证其泄洪能力；因地制宜地设置调治工程（如导流堤、丁坝、顺坝等）及路基防护工程（如石砌挡土墙、护岸、抛石、石笼防护等），使其发挥调节水流、整治河道、防护路基的作用；预防为主、防治结合，加强重点地段的汛前检查养护、险情地段的工程修复工作，加固、维护好永久性的洪水防护工程设施，确保防护工程的质量。

5.1.1 沿河公路洪水灾害的防治措施

沿河公路冲刷防护工程的形式有多种，大致可分为：

(1) 作为路基直接组成部分的石砌护坡和挡土墙以及边坡植物防护等

石砌护坡主要有干砌片石护坡和浆砌片石护坡2种形式。

干砌片石护坡适用于：①较缓的（不陡于1:1.25）土质路基边坡，因雨、雪水而发生破坏，洪水水流平顺，不受冲刷，均可采用干砌片石防护；②防护沿河路基受到水流冲刷的部位，被防护的边坡坡度，应符合路基边坡的稳定要求，一般为1:1.5～1:2.0。但干砌片石防护工程不宜用于水流流速较大（容许速度为2～4m/s）、波浪作用较强、有漂浮物冲击的边坡。

浆砌片石护坡常用于：①坡度较坦（坦于1:1），水流流速较大（4～6m/s）或波浪较大及可能有流冰、漂浮物冲击时的坡面冲刷防护；②护坡铺砌厚度较小，不能承受土压力，厚度一般为0.2～0.5m，用于冲刷防护时，最小厚度为0.35m；③在砌石和土之间设置0.10～0.15m厚的碎石或砂砾垫层。

浸水挡土墙主要用于：①沿溪线通过悬崖峭壁，如用全挖路基，其工程数量很大，或废方很多，挤压河床，致使水流情况改变，有害于上下游农田和建筑物，做挑流建筑物对岸又不允许，在此情况下，若受冲路段并不很长时，可以采用浸水挡土墙；②路线通过受水流冲刷的河湾，采用浸水挡土墙，可以稳定河湾，使之不再发展；③导治线与河岸相距很近时，可考虑采用浸水挡土墙；④在水深流急、冲刷大、洪水持续时间长、流向不定、险岸位置经常发生变化、水流中的漂浮物多而且大或有强烈流冰等时，在沿河路基受冲击处，可采用浸水挡土墙；⑤容许流速5～8m/s。

浆砌片石护坡

浸水挡土墙（G210线K1130+000～K1130+600路段）

当然，在下列情况下也可以采用挡土墙：①支承路基填土或山坡土体；②防止沿河路基受水流冲刷和淘刷；③受地形限制或其他建筑物干扰，必须约束坡脚时；④防止多占农田；⑤路线通过悬崖峭壁，占河砌墙加宽路基等。

边坡植物防护，包括种草、平铺草皮、平铺叠置草皮、植树。该防护适用于任何适于生长植物的路堤、路堑边坡和河滩、河岸且水流容许速度为0.4～3m/s，边坡不陡于1:1.5。但种草、平铺草皮、平铺迭置草皮不适于经常浸水或长期浸水的边坡。

（2）路基边坡、挡土墙的坡脚或基础的护脚工程

沿河路基的护坡和挡土墙水毁，通常是由于洪水淘刷其基脚引起的，一般采用坡脚抛石或堆石、脚墙基础、石笼、浆砌阻水堤以及护坦等沿水流方向布设的护脚工程。

卵石砌筑的护坡和护坦

挡土墙配合护坦对沿河公路进行冲刷防护

抛石防护适用条件：①适宜在盛产石料（大砾石、卵石）和沿河线开山废石方较多的地区使用；②经常浸水且水流方向较平顺，河床地层承载力较强无严重局部构造物；③在流速大、波浪高及水很深三种情况兼有时，应采用较大粒径的石块。

石笼（铅丝笼）适用条件：①在缺乏大石块作冲刷防护的地区，用填充较小石块的石笼，亦可抵抗较大的流速；②在流速大、有卵石的冲击河流中，铁丝笼易被磨损而导致早期破坏，一般不宜采用，这时可在石笼内浇灌小石子混凝土，或采用钢筋混凝土框架石笼；③在含有大量泥沙及基底地质良好的条件下，宜于采用石笼防护，这样，石笼中石块间的空隙很快被泥沙淤满而形成整体层；④石笼一般用于容许流速为5～6m/s，容许波浪高为1.5～1.8m的水流。

护坦适用条件：由于护坦对天然水流的干扰较小，适用于对山区峡谷河段的沿河公路路基防护。河流容许流速为4～8m/s，而且还常与砌石护坡、浸水挡土墙、丁坝等配合使用，并用于桥台和桥墩基础冲刷防护。

(3) 各种类型的导治构造物

常用的有丁坝、顺坝、格坝等，通过改变水流方向，调整水流结构，使水流偏离被防护的河岸线或将被冲刷的河岸段变为淤积河岸段，达到路基防护的目的。

断面形式不同的丁坝

位于浑河沿岸 G202 线沿河路基的宽、短、下挑的石笼丁坝群（辽宁抚顺）

丁坝防护适用条件：①河流容许流速为6～10m/s；②河床比较宽，水流比较急，凹岸冲刷严重或河流属于宽浅变迁河段需限制水流方向稳定河床；③适用于路基受水流冲刷严重，需要改变水流流向，使路基坡脚淤积变坦的地段；④局部冲刷严重，采用其他防护措施无法满足要求时。

G214 线 K2853 新建的 3 组钢筋笼顺坝，水泥混凝土抹面（云南，2007 年 8 月）

顺坝防护的适用条件：①顺直但仍受水流冲刷的地段，或狭窄不宜使用丁坝的河段；②基本不改变水流原有的特性，一般适用于导治线与河岸距离较近及通航河段；③可用于河岸河床地质较差的地段。

不同水毁防治措施的防护机理不同，防护对象及效果也不同，都有其适用条件。防护工程的有效性还取决于防护形式、修筑方式、位置及尺度等。水毁成因、防护措施的防护机理及其自身的强度、造价决定了水毁防护措施的适用条件。这些防护措施可以单独运用，必要时也可以配合其他措施实现综合防护。

山区公路水毁防护工程措施应适应当地地形地貌和生态环境，因地制宜、就地取材，针对不同的水流、河段特点，灵活借鉴国内外其他地区的防护形式、结构类型，实现防治措施的优化组合、技术创新，并推广应用。

(1) 对于山区峡谷河段的沿河路基，应以顺水流方向的护坡、挡土墙配合护坦等基脚防护工程为主；对于较为宽阔的河湾凹岸，路基防护形式可采取在石砌护坡或挡土墙、护坦等防护的基础上配合较短而低的漫水丁坝群，或护坦与潜坝配合使用；对于较为宽浅顺直的河段则可采用较短的漫水丁坝群。

(2) 对于长期浸水路基及易受水流冲刷的边坡，应铺砌护坡，防止冲刷；挡土墙基础埋深较浅，且临河易受水冲击的路基，可采用竹笼（内装石）围护。河湾凹岸路基采用护坦基脚式挡土墙或护坦式基脚护坡这种浅基防护形式被证明是经济有效且易行的。

(3) 对于路面高程较低、路面易浸水而产生损坏的路段，应提高路基。

(4) 对于在河流弯道上容易发生冲毁路基的地段要进行综合治理，采用护坦或丁坝或二者配合的方式，使得河湾变迁得到控制，后期可以栽植树木、花草，达到综合治理、美化交通环境的效果。

5.1.2 小桥涵水毁的防治措施

对于小桥涵水毁的治理，首先应合理选择桥涵位置以及孔径，满足排水输沙的要求，进而做好基础处理、进出口铺砌、加固及防护措施，并便于人工疏通清理。

小桥涵水毁防治工程措施主要有石笼、板桩、混凝土预制块、导流堤、丁坝、挑坎、护坦、拦沙坝、桩排、防水林等。可根据工程实际情况进行灵活选用，合理设计。

小桥涵水毁常用的防治对策有：

(1) 对于山区沿溪线公路，根据设计洪水频率，合理设置涵洞。一般应每隔300m设置一道涵洞，通常要设置在凸曲线顶部（凹曲线的底部）和纵坡的陡缓变坡处。应设置直径不小于100cm的钢筋混凝土管涵或墙身高不小于100cm的钢筋混凝土板涵或石拱涵。对于山区公路，涵洞不仅排水而且输沙，如果孔径太小，流沙及杂物堵塞涵洞后，人工难以进入清淤，使涵洞排水功能减弱，一旦山洪暴发，涵洞极易被冲毁。所以，应改造小孔径的圆管涵，便于排水输沙、清理淤堵，确保路基稳定。

(2) 涵洞进水口应进行浆砌片石铺砌，当涵前排水沟纵坡较大时，应建急流槽或跌水等构造物以减缓流速。

(3) 应根据水流情况修建导流坝等调治构造物，以保证小桥涵在设计洪水位时不被冲毁。

(4) 加强小桥涵的日常养护，使小桥涵输水流畅。

(5) 生物防治措施。在小桥涵上游流域里栽植防护林能够成功地预防水毁，还能防止水土流失，有助于恢复生态平衡。

在小桥涵所处的流域两侧山坡上，平行于等高线以一定规格挖数排鱼鳞坑呈品字形配置，坑内栽植适合本地生长的乔木。鱼鳞坑对山洪的截流、跌水、滞洪、消能作用明显，既减缓地表径流速度，又可减少洪水对公路路基和小桥涵的冲击。鱼鳞坑蓄水供树木生长，树木长大之后，由于树叶杂草和冲积来的土壤逐渐淤平鱼鳞坑，其滞洪消能的作用减弱，但树木在防水毁方面发挥了其他植被和工程措施替代不了的作用。通过流域蓄渗，林木能缓和暴雨对地表的冲击，减缓径流形成，减小径流量。

5.1.3 桥梁水毁的防治措施

(1) 在设计过程中，正确选择桥位，根据桥位河流特性通过水力计算确定合理的桥孔长度、墩台结构形式和基础埋深，完善调治与防护构造物，从根源上保障桥梁安全渡汛。

(2) 河床的冲刷防护和加固。若桥址河床冲刷严重、下切明显，使得桥梁基础埋深不足，可在桥位下游的河槽内修筑拦淤墙对桥梁墩台进行冲刷防护；对桥下河床进行铺砌加固；或进行桥墩局部冲刷防护，包括平面防护及立面防护，并将这些防护措施的顶面置于最大自然冲刷水深床面以下。

桥梁墩台冲刷防护形式很多，从防护作用的特点出发，可分为桥梁墩台的直接防护和间接防护两大类。直接防护就是直接设置在或附着在桥梁或桥台上的防护构造，用以直接抵御洪水冲刷，如桥墩、桥台周围床面的铺砌、护坦、抛石、石笼以及在桥墩墩身上的防冲盘等；间接防护，则是通过桥梁上游或下游设置调治或防护构造物如丁坝、导流堤、桩排或全桥孔下游的急流槽和消力池，固定桥孔下游冲刷基准面（也称海漫式防护）等，调整桥下水流的流速、流向及泥沙运动状态，引导洪水平顺通过桥孔，避免墩台过度冲刷。另外，通过注浆加固地基，以防水毁，也可视为间接防护。有的水坝下游水流冲刷严重的桥梁，可将桥下断面整体铺砌，并与下游的海漫式防护连成一体。

墩台基础注浆加固的做法是：在墩台基础之下或周围钻孔或打入管桩，通过孔眼或管孔，用一定压力把各种浆液（加固剂）注入土层中，通过浆液凝固，把原来松散的土固结为有一定强度和防渗性能的整体，或把岩石裂隙堵塞起来，从而达到加固地基、提高承载力的效果。另外，配合其他水毁防治措施，对地基注浆加固还可达到深层地基水毁防护的效果。

山区河流桥梁桥墩的冲刷与防护

拦沙坝可设置在桥址断面的上游或下游附近，防止桥下淤积，也可防止桥下冲刷

(3) 桥墩加固。凿除墩身风化、磨蚀的砂浆勾缝，冲洗干净墩身表面，对墩身裂缝以环氧树脂砂浆等进行修补。必要时绑扎钢筋网、浇筑墩身围封混凝土。

在唐家山堰塞湖即将泄洪之际，洪水对位于其下游约70km的宝成铁路涪江铁路大桥形成威胁。在桥墩的迎水面挂上由钢丝穿起来的废旧轮胎，以防泄洪冲刷、撞击（资料来源：华商网—华商报，2008年6月4日）

(4) 上部结构复位。用千斤顶等设施将桥梁上部结构顶推复位。

(5) 生物防护与工程防护相结合，综合治理桥梁水毁。在桥位河湾、桥位河段乃至桥位流域，进行植树种草，与工程措施相结合，能够有效降低水流流速、拦洪落淤、稳固河岸，遏制河道变迁及水流对桥梁的不利作用。

小知识：公路水毁主要类型和防治对策

水毁类型	防治对策
河湾凹岸、游荡水流逼岸和对岸挑流冲刷	峡谷河湾采用挡土墙、砌石护坡配合护坦防护；开阔游荡性河段采用护坡配合护坦、顺坝及漫水短丁坝防护
峡谷和压缩河道的急流冲刷	采用挡土墙、护坡配合护坦等岸坡直接防护为宜，不宜用丁坝挤压水流，以免引起对岸垮塌或形成挑流加重本岸冲刷。冲刷深度按一般冲刷计算，但要注意对岸挑流或其他水流作用
淹没和冲蚀	提高公路高程或扩大过流断面、完善排水设施。提高公路高程有困难时，要硬化路肩或修建防水墙
桥梁墩台及引道冲刷	设置适当的调治导流和防护工程
壅水过高或漂浮物堵塞、摧毁桥梁	重建桥梁，加大过流净空
行洪条件恶化造成桥梁基础和路基冲刷	加强河道协调管理，加固地基和基础，并采用护坦或沉排等防冲刷措施
涵洞冲毁或堵塞，及由此引起路基冲断	处理好涵洞的位置、进出口与相关排水设施的关系，清除淤积堵塞，加固涵洞或扩大过流净空

公路工程和自然环境相协调的重要性已经得到了共识。与自然环境成为一个和谐的整体是公路水毁防治的根本出路。决策者和技术人员应将环境保护意识与对水毁及其防护机理的认识相结合，注意公路环境保护和生态建设。在防治措施选择中，要注重采用生物防护与工程防护相结合的综合防治措施，以充分发挥这两者的经济效益和环境价值。例如，在对沿河路基采用丁坝等间接防护措施，逐渐改变水流结构，减小水流冲刷的同时，加固边坡，提高边坡抗冲刷能力，并与河滩、边坡植树种草相结合，对沿河路基边坡坡脚和坡面进行综合防护。这样不仅能取得理想的防护效果，还能起到美化环境的作用。

5.2 公路洪水灾害的预防措施

公路洪水灾害预防的目的是改善与提高其抗水灾能力，消除水毁隐患，为公路运输提供良好的通行条件。公路养护人员应在加强全面养护的同时，对所辖路线的路基、防护工程、排水系统、桥涵等设施经常进行检查、维修保养，对不符合要求和存在水毁隐患的路段，有计划地分期进行完善，使其逐步提高通行质量与抗灾能力。

水毁预防的工作内容主要有：

(1) 调查、了解所在地区历史上的气象及水文资料，收集分析水毁规律及所辖不同路线、不同路段、不同设施对水毁灾害的一般承受能力和极限最大承受能力，为水毁预防积累宝贵的资料，建立必要的水毁技术档案。

(2) 对公路水毁应做到全面预防、重点治理。

每年汛前进行水毁预防的技术性检查，主要包括：①河流上游堆积物、漂浮物的情况；②沿河公路、桥梁、小桥涵、引道，以及护坡、驳岸（浸水挡土墙）等防护、调治建筑物是否有基础冲空或损坏现象；③桥下有无杂草、石块、泥沙堆积淤塞河道，主河床有无变迁；④小桥涵、透水路堤有无杂草、树枝、石块等杂物、堆积物淤塞；⑤路基纵向及横向排水系统，包括边沟、盲沟、跌水、急流槽等有无断裂或淤塞，涵洞是否通畅；⑥临河路基的河床冲刷情况以及傍河路段急流冲刷处有无淘空或下沉；⑦河（沟）道有无滑坡、崩塌、泥石流等地质不良情况，对其附近或下游的路桥是否有不利影响；⑧河道水利设施布设、人工采沙等造成河床不利变形情况；⑨浸水路堤和陡坡路段路基有无松裂等其他可能对沿河公路、桥梁和小桥涵造成不利影响的迹象及其发展阶段等。

对路基及其防护设施，要进行经常性的维修与加固，使其处于完好状态。在汛期来临之前，进行全面的检查，对公路设施局部损坏或功能降低的问题，应及时处理。每次洪水过后，都应对冲刷防护设施进行检查，如挡土墙基础是否有被水流淘刷冲蚀、外露现象，若挡土墙基础不到位时可用石笼护基，若因土压力过大已经引起结构变形膨胀时，应增设套墙、扶壁进行加固或墙背换填砂石；石笼有无被洪水冲移，失去改变水流方向的护岸作用；抛石是否被冲走等。如有发现应及时维修加固，以保证路基边坡及坡脚的稳定性。

公路养护管理部门应认真地搜集积累当地水文水情和河床变形、地质及工程破坏资料。水毁多发处设立水尺，调查观测历年洪水位、冲刷深度等资料，为水毁防治和防护工程设计提供可靠的依据。

根据各地汛期具体时间，养护单位应统筹安排，组织开展汛前大检查，主要是责任落实、组织制度保障、物资储备、通信保障以及隐患消除等。

为防止或减轻洪水对公路的危害，应在雨季、汛期之前力争将水毁隐患处置完毕。水毁预防的关键是消除水毁隐患，疏通并完善排水系统，提高公路和构造物的抗洪能力。雨季前要全面疏通边沟等各种排水系统，清除桥涵淤积。对于构造物，尤其是浸水挡土墙（驳岸）、护坡的损坏要全部修补、加固和防护，必要时增建各类防护构造物。对于沿河公路路基的冲刷，应本着需要和可行的原则选择最佳方案进行防护；桥涵及附近河床严重淤塞时应及时清淤除障。当时间和资金等条件不具备时，防护工程也可采用临时性防护。对能提高公路抗灾能力的防护工程，也可以和根治相结合，一般情况下，应采用永久性防护。

5.3 公路洪水灾害的修复措施

为了提供优良的公路交通环境，针对公路洪水灾害，公路养护管理部门应在抢险保通的基础上，实施水毁修复工程进行恢复重建，使得受灾公路的通行能力、抗水灾能力等恢复到甚至超过灾前水平。在修复过程中，应处理好水毁修复和日常养护的关系，同时要处理好工程质量、进度、安全的关系。在水毁恢复重建项目中，应树立洪水灾害防治的科学理念，从根本上治理水毁，树立负责任行业的良好形象。

水毁修复的原则是：先急后缓、先通后畅，修复与提高相结合，遵循公路工程相关技术规范。

水毁修复的程序一般是：交通管制→清理公路→调查检测→确定修复技术方案→工程设计→组织实施→核查验收。对于工程规模较大的修复与提高相结合的工程，应按照相关建设程序办理。

5.3.1 交通管制与清理公路

(1) 对因路基冲断、冲毁以及桥梁毁坏而修筑临时便道的公路，便道在水毁修复期间内应进行交通管制，采取各种措施禁止重载交通通行，同时要设置过往车辆绕行标志。

(2) 在一些水毁工点设置临时警示标志，确保交通及修复施工安全。

(3) 清理路面：水退后再组织人员清理路面上的杂物、淤泥等，清扫路面。

(4) 清理桥孔、涵洞：宜及时将堵塞桥孔、涵洞的杂物清除，将积水排除。

5.3.2 路基水毁修复

(1) 路基冲断：应重新填筑路基或抬高路基。重填时，应就地选择天然砂（砾）石等透水性良好材料，分层填筑、分层夯实。

(2) 路基缺口：对小型的路基缺口可及时填补黏土或砂石材料，并进行人工夯实；路基缺口较大的可采取抛石防护、打松树桩或水泥混凝土桩护脚，然后用袋装砂石材料填筑。河流冲刷坡脚处设置构造物、修建驳岸（浸水挡土墙）、挡土墙等防护工程，回填渗水良好的材料并压实。

(3) 路基坍塌、沉陷：坍塌路基土石方要及时清除，在基本达到路基稳定层后，人工挖台阶，分层回填土石方；沉陷路段应挖除软弱土层或清除原有填料，重新充填碎石、砂（砾）石等透水性良好材料，分层填筑、分层夯实；同时，根据水毁成因，增建必要的路基防护设施。

(4) 路基淹没和冲蚀：可提高公路高程或扩大过流断面，完善排水设施，提高公路高程有困难时，要硬化路肩或修建防水墙；沿河路基水毁修复可增设不漫水丁坝、漫水丁坝和浸水挡土墙。

(5) 公路防护工程水毁的修复：对沿河地段要注重基础的埋置深度，对有

G210 线宁陕境内水毁公路修复中（陕西安康，2007 年 8 月）

G210 线宁陕境内水毁公路修复后（陕西安康，2007 年 9 月）

G108 周城线佛坪境内洪水淹没（左图）、路基冲断（右图）（2007 年 8 月 9 日）

冲刷的地基，应在冲刷线以下至少1m，不同的防护类型要采取相应的修复方案。

①护坡：适宜植物生长的土质边坡可采用植物防护，如撒草籽、种草皮、植树等；对坡度过陡或植物不宜生长的边坡，根据具体情况选用抹面、喷浆、勾缝、灌浆和嵌补、锚固等方法进行处置；有洪水淹没的路基边坡可铺砌片石护坡；坡面有损坏的，应将损坏部分拆除重修，并注意夯实护坡内填料。

②驳岸（浸水挡土墙）：应避免直接受到水流的冲刷和淘蚀，适当加大基础的埋置深度。如发现受洪水冲刷，基础被淘空，但未危及墙体时，可采取抛石加固或用片石将淘空部分塞实、灌浆。如墙体损坏，应按原样修复；对倒塌的驳岸应分析原因，重新设计新建；对沿河急湾冲刷严重的驳岸，可适当采

取改变水流方向、降低流速等间接防护措施。

③挡土墙：基础冲空的挡土墙用石料或水泥混凝土填密实，并根据冲刷深度加做浆砌片石或水泥混凝土套基；断裂倾斜的挡土墙如基础发生不均匀沉陷，应把损坏部分拆除重建，新旧结合处要留有伸缩缝；如挡土墙倒塌、损坏严重，采用上述方法不能达到要求的，要拆除重新设计，新建挡土墙，同时要重视挡土墙的排水设计及墙后填料的质量。

5.3.3 路面水毁修复

伴随着沿河路基的水毁，路面也会因为失去支撑而悬空，或出现结构破损等现象，如水泥混凝土路面板的脱空、断板，沥青混凝土路面的坑槽、龟裂等，都会降低路面行驶质量，影响行车安全，甚至造成交通中断。当然，路面在水流浸泡、淹没、冲刷等作用下也可能出现淤埋、损毁等情况，如浸水路段的路面形成松散、坑槽或脱皮等；砂土路基因砂土流失造成路面下陷、架空和缺口。

S307 线洛柞路洛南境内 K49+055 ～ K49+110 路基水毁，造成沥青路面悬空（洛南公路段，陕西商洛，2007 年 7 月 21 日）

(1) 砂石路面

砂石路面常见的水毁现象为路面松散、坑槽、沉陷、翻浆等，对因路面结构层水稳定性差而出现的毁坏，可采用砂石、泥灰结碎石、砖渣、级配碎石、二灰碎石或水稳碎石等水稳定性较好的结构层进行修复的方案。

(2) 沥青路面

①松散、坑槽、脱皮：局部病害路段应在水退路面干燥后及时挖除面层，然后用沥青混合料修补，对基层损坏的还应挖除基层，用泥灰结碎石、级配碎石水稳粒料或二灰碎石修补后，再用沥青混合料修补；条件限制时也可用水泥混凝土路面进行修复。

②沉陷、翻浆：局部病害路段则需挖除松散料，直至坚实的路基，然后再从下往上逐层处理。

③龟裂、网裂：局部病害路段应在水退路面干燥后，进行沥青混合料罩面处理，条件限制时也可采用撒铺“二油二料”的方式处理，病害较轻及路段较长的也可采用“一油一料”进行罩面。

④对因受水浸泡而产生的大面积整段病害的路面必须大修处置，可采取挖除损坏路基、整幅基层补强、重铺沥青碎石面层等方案。

湖北随州市公路水毁（2008 年 7 月）

(3) 水泥路面

①板下淘空：板下淘空而出现的唧泥板、淘空板，可采取及时填充板下空隙然后压浆处理的方法，同时要对纵、横缝灌缝，防止面板断裂、破碎。

②断板断裂、破碎：水泥路面因受水淹而出现面板破碎、板角碎裂的，应根据毁坏的部位不同而采取不同的修复方案，如基层尚未损坏，可采取面板灌缝、挖补沥青混合料等局部修复的方法；如因基层水稳定性差或强度不足而引起的面板破碎的，可采取挖除破碎板与损坏的基层，换装水稳定性好的基层后再按原面板设计标准修复。

③面板悬空：对因受水流冲刷使部分路基坍塌而造成水泥面板悬空的水毁现象，可采取先取用水稳定性较好的材料修复路基，然后用水泥稳定粒料或低强度等级混凝土填实板下基层空隙，填筑时要确保基层强度不低于设计要求。

④在建公路施工期间受水影响出现的工程病害必须修复或返工重建，混凝土面板施工期间受水影响出现表面粗糙、麻面、露骨、板底脱空以及断板等应视病害情况予以修复或返工重建，损毁的水稳及二灰碎石基层应修补整理，级配碎石基层应挖补弹簧，全面复压后方可施工面层，灰土基层应全面复检，重点在厚度及压实度，若不合格的可采取翻松、晾晒、加灰、重拌、压实等措施，仍达不到要求的可增加一层补强层。

5.3.4 桥涵水毁修复

(1) 对一般性损坏的桥涵，可进行常规性修复维护；对损坏严重、危及安全运行的危险桥涵，采取限载和应急加固措施；对中断交通一时难以修复的桥涵，要迅速抢修便道或设置绕行标志。桥涵修复或重建时，要委托具有相应资质的设计、施工单位进行专项设计和施工。

(2) 桥梁墩台基础、锥坡、侧墙、栏杆以及桥面的水毁修复。

①墩台基础冲空。

水深3m以下，可筑围堰将水抽干，以砌石或混凝土填补冲空部分，桥台基础采用上述方法修复时，还应修整或加筑护坡。

水深3m以上，可在基础四周打板桩或做其他围堰，灌注水下混凝土，也可用编织袋装干硬性混凝土，通过潜水作业将袋装混凝土分层填塞冲空部分，填塞范围比基础边缘宽0.4m以上。

当基础置于风化岩层上，基底外缘已被冲空时，应先清除岩层严重风化部分，再用混凝土填补。对基础周围的风化岩层还应用水泥砂浆进行封闭。

钢筋混凝土灌注桩和打桩经常受水冲刷、侵蚀时，应先检查损伤程度，用水泥砂浆修补到原来状态；如桩身有空洞，可灌注水泥混凝土进行修复，也可抛填大块石、石笼护底等，以免再次被冲刷。

在常年有水的江河中，桥梁墩台基础冲刷防护方法很多，但以抛石防护较为简便易行。在水深和流速都很大的水面上抛石，达到对一定位置和范围的防护，必须事先选定石料的尺寸和计算抛石的距离，否则难以达到预期的效果。

②锥坡毁坏。可采用浆砌片石修补坡面，浆砌块石修补坡脚挡土墙。

③拱上填料及台背填土积水、侧墙胀裂倾覆。拱上及台背填料积水造成填料松软、膨胀，造成路面沉陷、侧墙胀裂倾覆等问题，具体修复时应打开桥头搭板及桥面铺装，疏排积水，更换填料，重做排水系统，然后再做桥面铺装及桥头搭板。损坏的侧墙可采用常规的方法进行修复及重做。

④栏杆损坏。对有裂缝和剥落的栏杆，轻者可灌注环氧树脂，严重者凿除损坏部分，重新修补完整。同时在桥两端的栏杆柱，加涂红白相间的警示色。

⑤桥面损毁。对毁坏较轻的水泥混凝土铺装可以采取结构凿补的措施，即将表面凿毛，尽可能使骨料露出，用清水冲洗干净后再涂刷同强度等级的水泥砂浆，最后铺筑一层5cm厚的水泥混凝土铺装层；毁坏较轻的沥青路面可以采用沥青表面处置或沥青细砂罩面，也可加铺一层2cm厚的沥青混合料，并注意施工前涂刷黏层沥青，确保新旧面层结合良好。

对毁坏较重的路面应重做桥面铺装层，原则上提倡采用防水钢筋混凝土桥面铺装，有重载交通的采用钢筋加钢纤维的双钢防水混凝土桥面铺装。

(3) 增设冲刷防护构造物防治桥梁水毁。

①桥梁引道冲刷，应设置适当的防护工程；行洪条件恶化造成桥梁引道路基冲刷，应加固地基和基础并采用护坦或沉排等防冲刷措施。

②桥梁墩台基础，可增建基础冲刷防护构造物。当河床较稳定，冲刷范围小时，宜采用立面防护措施；当河床稳定，冲刷范围较大时，宜采用平面防护措施。防护方法有：打梅花桩，桩间用块、片石砌平卡紧；用块、片石防护或用水泥混凝土板、水泥混凝土预制块防护；用铁丝笼、竹笼等柔性结构防护。桥墩、桥台平面防护的范围及尺寸根据冲刷水流的结构及其作用范围确定，平面铺砌顶面应埋在一般冲刷线以下或与其齐平。

(4) 增建水流调治构造物防治桥梁水毁。

调治构造物的布设要合理，基底应埋入总冲刷线以下有一定深度（位于河槽内时取1.2m，位于河滩内时取0.5m）。若调治构造物不足以抗御洪水冲击，则应进行加固。可采用植草皮、干砌或浆砌片石、铁丝石笼、抛石等，亦可用梢捆、柴排、混凝土或钢筋混凝土、土工织物等进行加固。加固的高度，淹没式的应加固至坝顶，非淹没式的应高于设计洪水位以上至少0.5m。

(5) 山区公路涵洞水毁的修复。

①孔径偏小时，加孔或扩大跨径。

②设计未预料到的水力条件，可按实际情况进行设计。

③属于施工质量低劣的，按原设计修复；属于设计缺陷的，根据地形、

地质情况增设防护排水工程，如增设跌水、急流坡、沉沙井、挑坎等。

④若涵洞位置不当，局部破坏的按原结构修复，并将引水沟槽改善顺适，全部破坏的改建在适当位置。

⑤发生主河道不利演变时，可按原设计修复并随路线增设防护工程。

⑥涵洞翼墙倒塌、洞身垮塌以及铺底冲毁的修复，应依据水毁的成因有针对性地确定水毁修复方案。

5.4 公路洪水灾害的非工程措施

在运用公路水毁工程防治技术的同时，加大非工程防治措施的力度也非常必要。工程措施以外的对公路洪水灾害防治有利的所有工作，均可归为非工程措施。非工程防治措施更体现着灾害防治的主动性和超前性，对预防和治理公路水灾具有不容忽视的作用。

各级交通部门应从完善公路应急预案、细化工作制度等方面入手，进一步改进和完善公路灾害应急处置工作的各项措施，重视汛期抢险及水毁公路设施恢复重建工作的组织制度建设，逐步提高公路抗灾能力。

5.4.1 重视地质选线和水文选线

各设计阶段均应加强地质勘察和气象水文工作，为路线设计方案的比选论证提供可靠依据。路线设计人员可根据工程地质、水文气象资料信息进行地质选线和水文选线，选择地质灾害和水文气象影响较小的布线方案。

决策部门在工程可行性研究和初步设计阶段，就应高度重视路线走向和控制点的选择，进行提高路基与高架桥、半边桥与高边坡等多种方案的技术比选。在工程前期考虑水毁风险的公路设计方案论证、比选，可以从根源上消除水毁隐患。

特别地，作为河流水情变化的记录、水文资料是进行洪水分析计算的基础。全面细致地搜集整理洪水资料，推求设计洪水量、洪水位和流速，可为防护工程设计提供可靠依据。

5.4.2 实施综合治理

应通过多方协调，进行农、林、水综合治理（包括工程治理、生态治理和社会环境建设）。公路的洪水水毁往往与水利工程上拦河筑坝建库、改变水系，农耕时破坏地貌及林业上的乱砍滥伐、破坏植被等有关。因此，公路构造物的设计、管理应与农业、林业、水利、水土保持等部门协调配合综合治理。如，通过水土保持农业技术措施来增加流域的蓄水能力，减少水土流失；通过水土保持林草措施改善流域植被，增大地表糙率，从而减轻雨滴对地面的打击，增加土壤入渗，减少地表径流量，减缓水流速度和削弱冲刷力；通过水土保持工程措施拦蓄地表径流，增加土壤入渗，增大河道的行洪能力，提高工程的防洪标准。

5.4.3 充分运用科技成果，服务公路防灾减灾

(1) 重视科研工作。目前，我国各个地区的公路洪水水毁尚未得到理想的治理，灾害防治的形势还很严峻。我国自然条件复杂多变，水毁类型多样、成因复杂，其防治面临着诸多技术难题。洪水灾害致灾规律和成灾机理的研究，可为科学减灾提供理论依据。有关学者和工程人员针对水毁灾害的发生规律及其防治进行了长期探索，并取得了可喜的成果。公路设计施工和养护管理部门应加强水毁研究成果的转化应用和技术人才培养工作，使得水毁防治的科研工作及时服务于生产实践，以便满足当前公路减灾防灾的迫切需要。

(2) 建立先进的监测预警系统。各级公路管理部门应加大投入，逐步建立和完善公路水毁灾害预警系统，对水毁易发的重点路段或结构物开展监测工作，进行预防性养护，达到预防为主、防治结合的目的。这就要进一步加强与当地气象部门的合作，加强短期天气的监测和预报，增长预见期，共享水毁灾害易发区（点、段）的气象信息。工程技术人员应加强对水毁易发区（点）的监测，及时发现异常情况。通过建设水毁灾害易发区、危险区监测预警系统，并采取行之有效的水毁灾害预防性或应急性防治措施，以减少水毁灾害可能带来的损失。

5.4.4 公路养护管理部门采取各种措施，提升抗灾应对能力

各级公路管养部门应定期组织技术人员对水毁潜发区段进行调查摸底，根据气象水文、地形地貌及社会经济发展等因素，分析水毁成灾频度及大小，分级划出危险路段、位置，并建档备案；认真做好水毁灾害的调查识别和防治方案编制工作，规范水毁易发区（点）的公路建设活动及水毁防治工程的规划建设，提高抵御水毁灾害的能力。

在防治洪水灾害的实践中，不断汲取经验教训，逐步提高应急反应能力，全面完善和落实应急响应体系；组建精干的抢险救灾队伍和专家组，配备机械设备；必要时还要充分利用社会力量，建立合理的应急补偿机制，鼓励和

指导相关单位和个人建立抢险后备队伍。

(1) 完善公路防汛应急预案。公路防汛应急预案是在国家和上级交通主管部门的指导下，结合自身实际，为及时应对辖区内发生的公路水毁事件而制订的专项防汛应急预案，由地方交通主管部门制订并公布实施，报上级交通主管部门备案。

根据公路防汛应急预案，应事先落实并公布公路洪水水毁灾害总责任人，以及抢险维护、救灾人员和物资保障的责任人。组织专家对抢修人员进行技术和安全意识方面的培训，使其在发生公路水毁灾害时能作出迅速且正确的反应，为抗洪抢险、维护交通安全作出及时高效的决策。

应急预案启动后，抢险队伍、应急物资、应急车辆、机械、通信应以最快的速度全部到位。

各公路相关单位应根据汛情特点和单位职责任务要求，完善应对各类洪水灾害险情和极端天气的应急预案，增强预案的科学性和可操作性。

(2) 建立预警机制。积极关注气象部门和新闻媒体的相关预报，及时收听天气预报，尽早掌握天气变化情况。另可与交通广播台等单位开展合作，及时发布路况和汛情信息，切实预防和减少公路交通事故的发生。

各地交通运输部门应根据气象和灾害的各类预报预警的信息，及时研究和分析洪水灾害对辖区内交通基础设施和交通运输可能产生的影响范围和影响程度，在第一时间向社会公众发布信息。

(3) 加大宣传教育力度，争取有关部门和个人的协作支持。各级公路交通部门应通过各种形式广泛宣传水毁灾害的危害性，普及公路水毁灾害防御的基本知识，逐步提高养护技术人员及全社会对水毁灾害的认识水平，不断增强防治公路水毁灾害的意识，有效减少水毁损失。在重点路段通过告示牌等醒目、规范的警示标志发布信息，提醒广大驾驶人员雨天行车安全注意事项，告知驾乘人员不要超员超载行车，减速慢行。同时，主动与气象部门联系沟通，及时掌握天气信息，积极与防汛、水利、河道、消防、交警部门沟通，争取他们的支持和配合。

(4) 组建抢险救灾队伍，加强防汛储备。要实施公路水毁抢险救灾任务，就必须组织好专门、有力的抢险救灾队伍。同时，公路水毁抢险需耗用大量的砂石、木桩、编织袋等物料和必备的工具、照明设备、运输工具、施工机具等物资设备。抢险物料可采用现场备料和物资部门备料两种方式。现场备料主要是将砂、石堆放在水毁易发区（点、段）的现场随时备用，由各道班或养护段采备；物资部门备料主要是按计划用量，落实到各部门准备货源，由各级公路交通部门或各业主单位采备，一旦需要随时保证供应。

应在汛期到来之前备足防汛抢险材料和器械，并对公路养护机械进行全面检修，确保险情发生时能正常运行，随时投入使用。

(5) 组织防汛演练。为了切实做好公路防汛抢险工作，检验并提高公路系统应对公路水毁等突发事件的应急反应能力，锻炼应急抢险队伍，各有关单位应结合可能担负的任务和可能出现的险情，有针对性地组织防汛队伍演练，确保遇有情况时临危不乱、有条不紊。为了确保演练的顺利、安全，所有现场人员应身着橙黄色标志服，养护车辆开警灯，临时调集的大型运输车辆贴抢险运

应急保畅抢险突击队（陕西榆林公路管理局，2009年6月）

军、警、民紧急抢险S209线（贵州省，2008年5月）

输标志，两侧道路适当封阻。

争取各种新闻媒体进行现场报道，以对全社会产生极大的教育和宣传作用。

“受8号台风影响，G204线富水河桥3号～6号孔桥墩和西侧护坡被河水冲刷发生险情”（山东烟台公路局举行防汛抢险演练迎大汛，中国公路网，2008年8月4日）

辽宁省公路局于2009年6月15日组织了全省普通公路防汛抢险演练，并取得圆满成功

(6) 加强信息报送。各单位应严格执行24h防汛值班和领导带班制度。正常情况每周报送一次，关键时期执行每日或及时上报情况制度，确保信息畅通，及时准确。水毁灾害信息报送工作应按规定的时间和内容要求，第一时间以各种方式向上级主管部门报告水毁灾害信息。

上报内容一般应包括：水毁灾害路线名称、地点、桩号、地名、水毁时间与险情、估计工程量及损失金额、拟修复方案及估计抢通时间等。

各级公路部门应安排专人负责报送所辖公路水毁灾害信息。根据水毁灾害级别逐级上报，并在规定时间内以传真或其他形式书面汇报具体情况。

公路抢险完成、恢复通车后，应及时将路况和抢通工作情况报告上级或有关部门。

(7) 落实防汛工作责任，统筹安排抢险维护工作。根据《公路交通突发事件应急预案》的要求，各单位必须认真落实行政一把手负责的水毁防汛责任制，制订切实可行的公路水毁防治管理岗位办法，成立防汛领导小组，建立防汛值班制度，坚持24h均有人值班。

为有效进行抢险维护工作，公路管理机构对所辖路段的水毁抢险维护工作应统筹安排，对易毁路段和构造物应事先安排专门的巡视人员，储备足够的物资。一旦洪水对沿河公路产生破坏，应进行应急抢险，以防水害扩大，并维持安全通车，做到临危不乱。

(8) 加强雨中巡查。养护单位应建立雨中查路记录，落实雨中巡路防毁工作。发现路基缺口、塌方、桥涵排水不畅等水毁隐患应及时排除，堵小洞防大害，并及时设立明显标志。成立工作小组，安排专人负责和24h专人值班，加强水毁易发路段及桥涵等重点路段的监控，设置防护措施和安全警示标志；充分发挥管养联动的优势，配置相关机械，备足石料、编织袋等抢修物资，实现各种资源和信息的合理调配、共享，切实保障公路安全畅通。

加大隐患排查力度。对辖区内的重点路段和桥梁进行不间断巡查，对边坡和易发生水毁的地方进行多次排查，确保干线公路在大雨来临时不发生中断、塌陷等安全事故。

5.4.5 针对广大的公路使用者

主要指公路防汛的宣传教育和全民防灾意识的普及，重点针对各类公路使用人群。公路防汛不仅仅是技术问题，还关系到国民经济和人们生活的方方面面，需要全社会的参与，应引起广泛关注。

根据天气预报及实时降雨、洪水情况，驾乘人员在沿河路段、桥涵处行驶时，应自觉谨慎驾驶，保持警惕。一旦发现路况不佳，应打开车辆警示灯，防止后续车辆超越、追尾；若洪水险情较为严重甚至断道时，应在安全位置停靠并保持警示灯处于闪烁状态，放置交通指示牌，向有关人员求助。必要时，应在专业队伍指导下参与洪水灾害抢险救援及疏散。

就近居民也有维护路产、减轻公路灾害的义务。公路洪水灾害发生后，现场目击者应及时将险情告知当地政府部门，在危险地带放置交通提示牌提醒、拦截过往车辆，及时疏散人群；或者直接与公路管理部门取得联系，等候专业队伍到来后抢修公路。公民积极合理地参与公路抗洪抢险，可以有效防止险情进一步加剧，减少不必要的生命、财产损失，极大地挽救社会财富。

掌握洪水灾害的应急避险知识有助于人们增强防灾减灾意识及自救互救能力。车辆经过积水路段时，若在低洼处抛锚，应立即离开车辆到高处等待救援；如被洪水卷入后，应保持镇静，尽快寻找、抓住漂浮物；救援人员如不会游泳，不可强行下水救人，可用救生圈、竹竿等在岸上援助落水者；施救时尽量使溺水者的口鼻露出水面，救出水面后，抱起其腰腹部，使其背朝上、头下垂进行倒水；如呼吸停止，应立即进行人工呼吸，如心脏停跳，应先进行胸外心脏按压。

因洪水而中断交通的水毁公路，由于抢修便道一般为单行道，路基压实度较差，加之沿线抢修施工繁忙，过往车辆和行人应注意安全。驾驶员在行驶时应自觉保持车距、控制车速，听从指挥，谨慎行驶，在危险路段需查明情况后有序通行，确保安全。

当洪水造成公路沿线的车辆行人、附属设施（如道班房等）或民宅被困、受损，处于危险状态时，或洪水可能继续上涨并造成更大规模的破坏时，首先应审时度势，保证人员安全疏散、撤离。

未经公路部门许可，任何单位或个人不得擅自变更、增减公路防护工程设施、交通指示标志等。

S307 线洛柞路 K228+040 涵洞水毁路段经过抢修恢复通车（陕西商洛，2007 年 7 月）

S307 线洛柞路洛南境内水毁公路全面恢复通行（陕西商洛，2007 年 8 月）

干线公路水毁严重，紧急撤离（陕西省安康市，2007 年 8 月 31 日）

对防止或减轻公路洪水灾害损失作出贡献的单位和个人，应予以表彰或采取各种形式的奖励措施促进全民减灾意识的形成和完善。同时，对渎职的防汛单位和责任人，应追究其责任。

编者寄语：

在认识公路洪水水毁发生的规律之后，依靠科学技术，遵循公路水毁防治工作中“以防为主、防治结合”、“精心设计、精心施工、加强养护”的基本原则，通过建造各种水毁防护工程措施，因地制宜地塑造人工稳定的河段，并在防护工程优化设计的基础上，配合一系列非工程防治措施，实施综合治理，将有力保证公路的安全运营及雨季畅通，把公路水毁损失降到最低限度，充分发挥公路交通促进经济发展的作用，实现良好的社会经济效益、环境效益。

附录1　名词术语、缩略语的说明

洪水：水位急剧涨落漫溢河槽的现象。当洪水在流域内的汇水速度比河道正常排水速度快时，出现河流水位超过河滩地面而溢流，严重时会冲垮河岸（包括沿河公路）及跨河建筑（如桥涵等）。本手册主要涉及河道洪水和沟道洪水。

汛期：根据洪水发生的规律，规定每年防汛抗洪的起止日期。

特大暴雨：一般指24h降雨量在200mm以上的降雨。

山洪：指山区小流域由降雨引发的突发性、暴涨暴落的地表径流。

山洪灾害：指山洪暴发给人类社会所带来的危害，包括沟河洪水泛滥等造成人员伤亡、财产损失、基础设施损坏以及环境资源破坏。

重复发生周期：对于某一地区，在足够长的时间段中统计出各种大小的灾害发生的平均重复发生时间。如某一水位的洪水灾害是50年一遇的。

频度：重复发生周期的倒数，表示单位时间内发生一定大小灾害事件的数目。灾害越大，发生的频度越低，重复周期越长。

防洪标准：指防护工程应具备的防洪能力，一般用可防御洪水相应的重现期或出现频率表示，如百年一遇、50年一遇等，反映了洪水出现的几率和防护对象的安全度。

洪水灾害：由于江、河、湖、库水位猛涨，堤坝漫溢或溃决，使客水入境而造成的灾害。

洪灾损失：基于洪水水体与生命财产的直接接触与否，洪灾损失可分为直接损失和间接损失两种类型。直接损失是指洪水直接造成的财产、人员伤亡以及公路桥梁等方面的损失，间接损失是指因洪灾造成的直接损失给受灾地区内外带来影响而间接造成的经济损失，包括地域性波及损失和时间后效性波及损失。

公路水毁：在气候、水文以及人类活动等因素的综合作用下，公路沿线发生的主要由山洪或河流洪水造成的公路设施的损毁现象和破坏过程，称为公路水毁。公路水毁的主要致灾因子是暴雨引发洪水。

风险：自然或人为灾害与承灾体的脆弱性（或易损性）之间相互作用而导致的一种有害结果或预料损失发生的可能性。

洪水灾害风险：不同强度洪水发生的概率及其可能造成的洪灾损失。

SMS：Short Messaging Service短消息传送业务的缩略语。

GPRS：General Packet Radio Service通用分组无线业务的缩略语。

附录2　公路洪水灾害应急抢险流程图（供参考）

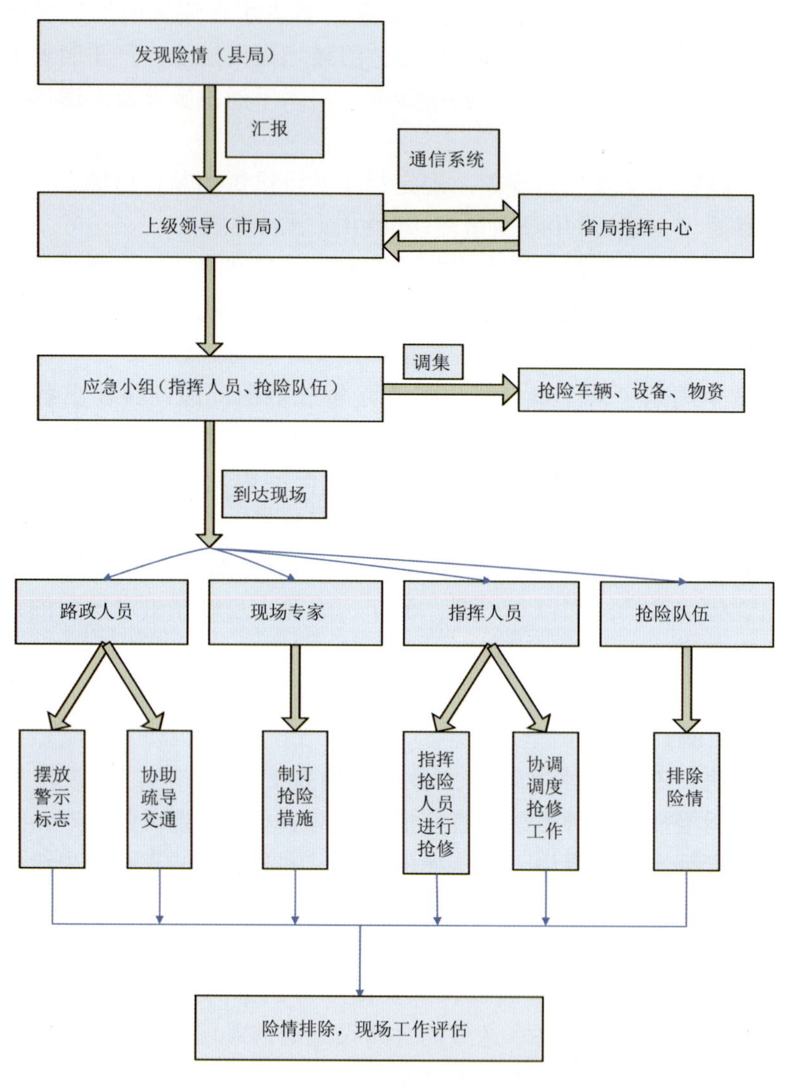

公路洪水灾害应急抢险流程图

附录3　天气预报及其他重要资讯的获取途径

一般情况下，民众可以通过报纸、广播、电视、电话（12121、96121）、电子显示屏、手机短信以及官方网站等，在第一时间获取天气预报信息。

1. 中国气象局

该网站是中央气象局运作的官方网站，只需在浏览器的网址内键入http://www.cma.gov.cn/即可访问。

2. 中国天气网

http://www.weather.com.cn/。

3. 各电视频道的天气预报节目

如中央电视台、各地方台的天气预报节目等。

4. 全国地质灾害气象预报预警

地质灾害气象预警预报信息每年汛期（5月~9月）在中央电视台天气预报节目中和中国地质环境信息网（http://www.cigem.gov.cn/）上发布，目的是提醒被预警区的干部和群众防范滑坡、崩塌和泥石流灾害。

5. 其他重要网站及文件资料

（1）交通运输部网站：http://www.moc.gov.cn/；

（2）公路灾害防治网：http://fangzai.chd.edu.cn/；

（3）各地公路局网站（陕西公路信息网等）：http://www.sxhighway.gov.cn/；

（4）中国公路网：http://www.chinahighway.com/；

（5）全国公路气象预报：http://www.weather.com.cn/，或 http://www.cma.gov.cn/qxxw/，或 http://www.cnr.cn；

（6）气象灾害预警信号发布与传播办法；

（7）干线公路灾害防治试点工程技术指南（试行）；

（8）陕西省公路灾害防治技术指南；

（9）公路交通突发事件应急预案；

（10）陕西省公路交通突发事件应急预案；

（11）原交通部关于加强公路沿线地质灾害防治工作的紧急通知（交公路发〔2003〕191号）；

（12）其他法律法规及法令条例。

附录4　公路洪水水毁灾害调（巡）查表

公路洪水水毁灾害调（巡）查表

序号	路线名称	起止桩号	（是/否）水毁易发地段	路段所处环境描述	灾害隐患或迹象描述	曾何时发生过何种灾害	今后可能受洪水影响的范围	建议采取何种措施	备注（附照片、草图等）
合计									

注：本表适用于沿河公路、桥涵受河流洪水或沟道洪水影响的水毁前兆或各种迹象的跟踪调（巡）查。

填表单位：________填表人：________联系方式：________

填表时间：________年___月___日___时___分

附录5　公路洪水水毁灾害灾（险）情统计上报表

公路洪水水毁灾害灾（险）情统计上报表

序号	路线名称	水毁区段的起止桩号	灾情 / 险情描述	降雨量 / 洪水位	阻断交通起讫时间	是否发布险（灾）情信息	交通状况及其保障措施	绕行线路	抢通措施	修复措施	直接损失、人员伤亡	应急抢通人员投入情况	抢通物资、机械投入情况	备注
			路基__m^3/__（长）__（宽） 路面__m^2/__（长）__（宽） 桥梁__延米 / __座 涵洞__道 防护工程__m^3/__处 坍塌方__m^3/__处											

注：本表适用于沿河公路、桥涵受河流洪水或沟道洪水影响的水毁灾情或险情的统计上报。

填表单位：________ 填表人：________ 联系方式：________ 填表时间：________年__月__日__时__分